オールカラー
図解

いまがわかる
地政学

伊藤賀一　監修
かみゆ歴史編集部　編著

ONE PUBLISHING

いまわかる地政学 目次

世界地図で見る地政学的課題 …… 4

地政学の基礎知識

今の日本で「地政学」が注目されているのはなぜなのか? …… 6
「地政学」が誕生した理由と経緯を教えて! …… 8
ロシアや中国の国土があれほど大きくなった理由とは? …… 10
海を制するシーパワーが世界を制する!? …… 12
ランドパワーとシーパワーではどちらが強いのか? …… 14
なぜ事件はいつも“周辺”で起こるのか? …… 16
チョークポイントが日本にとって重要なのはなぜか? …… 18
各国の「拠点」を見ることでその国の戦略がわかる! …… 20
大国が直接争わないようにクッションとなる緩衝地帯 …… 22
天然の障壁である「海」と「山」その違いはどこにあるのか? …… 24
「平原」に位置する国のつらく悲しい宿命とは? …… 26
隣の国どうしはなぜ仲が悪いのか? …… 28

日本と東アジアの地政学

海に囲まれた日本の地政学的な特徴とは? …… 30
戦後の東アジア情勢はどう変化した? …… 32
沖縄に数多くの米軍基地が置かれている理由とは? …… 34
ロシアが北方領土を返してくれないのはなぜか? …… 36
中国・韓国との仁義なき領土争いとは? …… 38
中国ってなぜあんなにいつも偉そうなの? …… 40
中国はランドパワーの国?それともシーパワーの国? …… 42
中国が「一つの中国」を掲げ台湾を欲しがるのはなぜか? …… 44
東がダメなら南の海へ!?中国が抱いている野望とは? …… 46
韓国が置かれる地政学的な難しさとは!? …… 48

北朝鮮のわがまま行為は なぜ許されているの？ …… 50
「一帯一路」を提唱した 中国の狙いとは一体なに？ …… 52
日米豪印による 中国封じ込め作戦とは？ …… 54
中国とアメリカが 対立を続けるのはなぜか？ …… 56

ウクライナ侵攻をめぐる地政学

なぜプーチンは ウクライナに侵攻したのか？ …… 58
ロシアがクリミア半島に こだわり続ける理由とは？ …… 60
バルト海はロシアにとって ヨーロッパの玄関口？ …… 62
ロシアはどうして戦争に 勝てると思い込んでいるのか？ …… 64
苦渋も辛酸もなめてきた 東ヨーロッパの地政学的弱点 …… 66
ウクライナ侵攻の原因は EUとNATOの拡大って本当？ …… 68
なぜトルコがNATO内で キャスティングボートを握っているのか？ …… 70
大国の縄張り争いに 翻弄される中央アジア …… 72
どうしてプーチンと 習近平は仲が良いの？ …… 74

地政学で見る世界の課題

インドと中国の関係は なぜ複雑になったのか？ …… 76
インドとパキスタンは なぜ別々の国になったの？ …… 78
シンガポールが発展を 遂げた地政学的理由とは？ …… 80
ミャンマーの問題を中国が 見て見ぬふりをする理由 …… 82
なぜアフガニスタンは 大国に翻弄され続けるのか？ …… 84
70年以上も続いている 「文明の衝突」の最前線 …… 86
なぜイランは アメリカと険悪なのか？ …… 88
イギリスのEU離脱は 過去の栄光があったから？ …… 90
のど元にいるキューバが 邪魔でしょうがないアメリカ …… 92
究極の「近道」となる 北極海ルートの実現なるか？ …… 94
技術発展により地政学が なくなる日はくるのか？ …… 96
世界の戦争や紛争を前に 国際社会は何ができるのか？ …… 98

本書は2023年3月時点での情報を掲載しています。

世界地図で見る地政学的課題

本書では、日々のニュースで報じられる国際的な問題の背景にある、地理的・歴史的な理由をていねいに解説しています。

まずは、関心のある話題のページから読み始めてもよいでしょう。

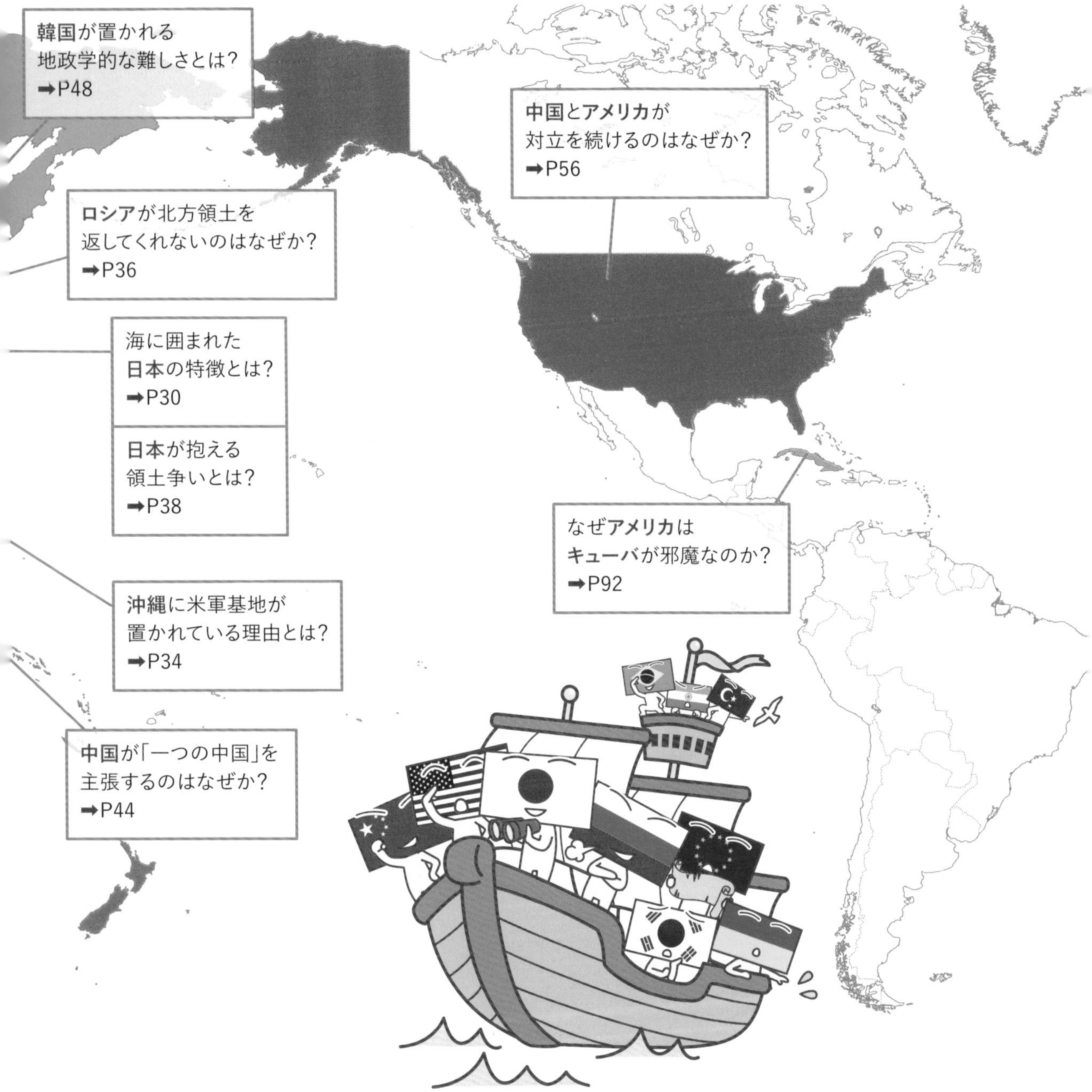

韓国が置かれる地政学的な難しさとは?
➡P48
中国とアメリカが対立を続けるのはなぜか?
➡P56
ロシアが北方領土を返してくれないのはなぜか?
➡P36
海に囲まれた日本の特徴とは?
➡P30
日本が抱える領土争いとは?
➡P38
なぜアメリカはキューバが邪魔なのか?
➡P92
沖縄に米軍基地が置かれている理由とは?
➡P34
中国が「一つの中国」を主張するのはなぜか?
➡P44

ロシアのメリットになる
北極海ルートの実現なるか？
➡P94
バルト海はロシアにとって
ヨーロッパの玄関口？
➡P62
北朝鮮のわがままは
なんで許されているの？
➡P50
東ヨーロッパの
地政学的弱点とは？
➡P66
なぜロシアは
ウクライナに侵攻したのか？
➡P58
どうしてロシアと
中国は仲が良いの？
➡P74
ロシアがクリミア半島に
こだわり続ける理由は？
➡P60
中国ってなんで
あんなに偉そうなの？
➡P40
なぜトルコはNATOで
強気の姿勢を見せるのか？
➡P70
イスラエルとパレスチナは
なぜ対立を続けるのか？
➡P86
インドと中国の関係は
なぜ複雑化したのか？
➡P76
なぜイランはアメリカと
険悪なのか？
➡P88
インドとパキスタンは
なぜ分かれたの？
➡P78
なぜアフガニスタンは
大国に翻弄されるのか？
➡P84
南シナ海まで視野に入れる
中国の野望とは？
➡P46

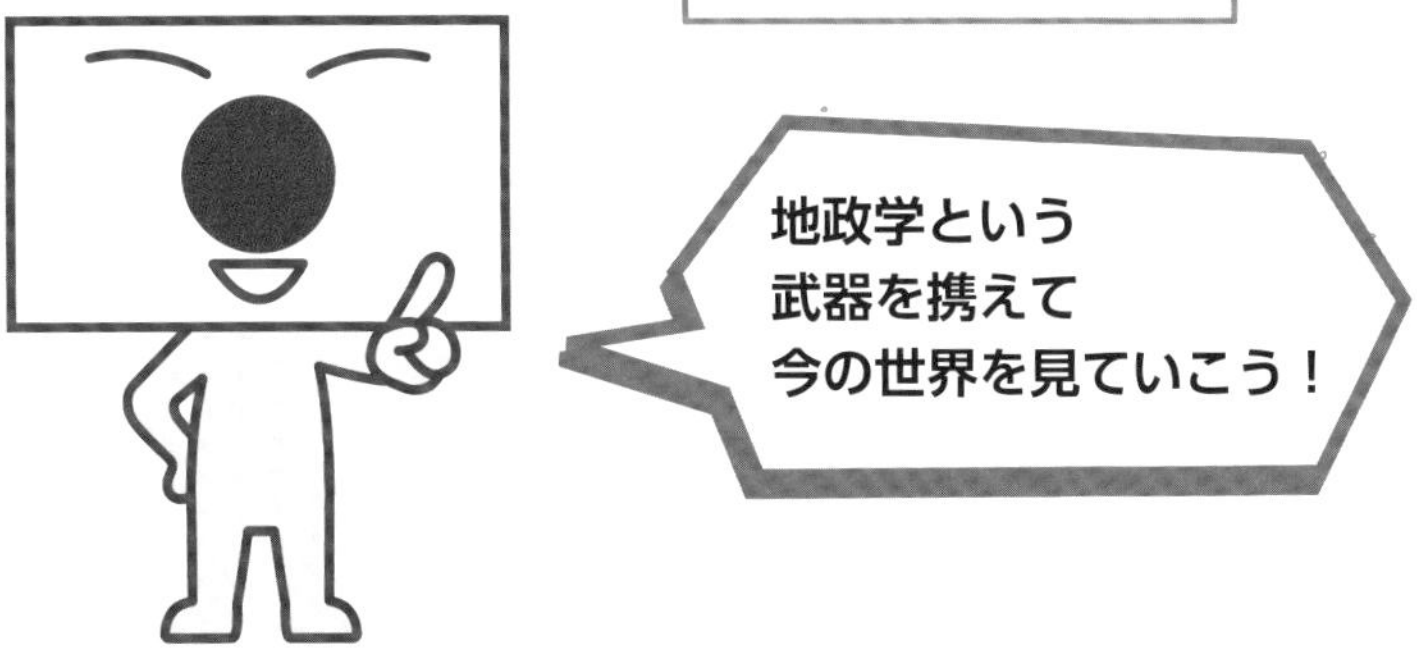

地政学という
武器を携えて
今の世界を見ていこう！

地政学の基礎知識

今の日本で「地政学」が注目されているのはなぜなのか？

【キーワード】地政学　国際問題

混沌としている時代こそ地理に注目することが大事

地政学とは、**それぞれの国の地理に注目して、他国との外交関係や安全保障・軍事、貿易のあり方などを分析する学問**です。

例えば大陸の中にある内陸国の場合、東西南北を陸続きで他国に囲まれていますから、周りが海の島国とは外交面や軍事面の緊張感がまったく違ってきます。隣国に攻め込まれた時に備えて、日頃から陸軍を強くしておく必要がありますし、周辺国との外交関係にものすごく気を遣う必要があります。

一方、島国の場合はそこまでの緊張感はありません。同盟を組む国についても、少し離れた位置から国際情勢を分析し、選択できる余裕があります。また防衛に必要なお金も、内陸国よりも安くて済みますから、そのぶんのお金を経済開発に回すことができるなど、有利な立場にあります。

こうした地理的な条件は、短い時間では簡単には変わらないものです。そこで、**その国の外交政策や安全保障政策を分析する時や、適切な政策を練る時には、地理をベースに考えてみると、ヒントにできることがたくさんある**わけです。

日本では地政学は今、ブームといえる状況にあります。国立国会図書館（日本国内で出版された出版物はすべて納めることが義務づけられている）の検索サービスで、「地政学」というタイトルのついた書籍の刊行点数を調べてみると、10年前には数点しかなかったのが２０２２年には39冊も刊行されており、これは戦後で断トツの多さでした。

背景には、ロシアによるウクライナ侵攻や、中国が台湾を自分たちのものにしようとする動きを強めるなど、**「なぜ、そんなことが？」と思ってしまうような国際的な問題が相次いで起きている**ことが挙げられます。のちほどそれぞれくわしく解説しますが、ウクライナ侵攻（→P58）も台湾問題（→P44）も、地政学的な切り口から分析することが可能です。

国際情勢が混沌としている時代だからこそ、地政学的なモノの見方を身につけておくことが、とても大切になります。

「地政学」に関する書籍刊行点数

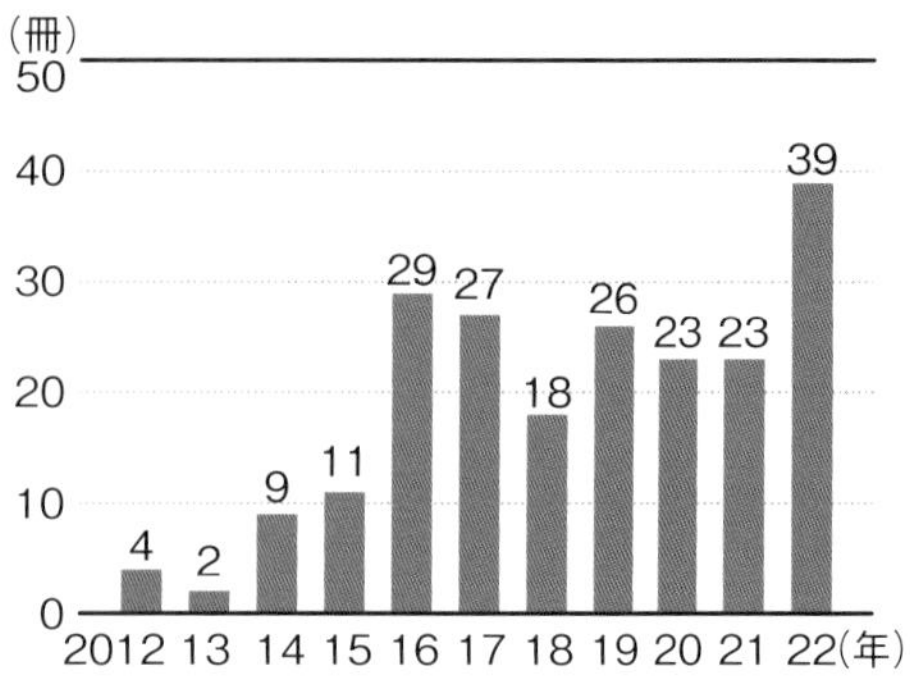

(冊)
50
40
30
20
10
0
4
2
9
11
29
27
18
26
23
23
39
2012
13
14
15
16
17
18
19
20
21
22(年)

国立国会図書館の検索サービスを用いて、タイトルかサブタイトルに「地政学」が含まれる書籍をカウントした。

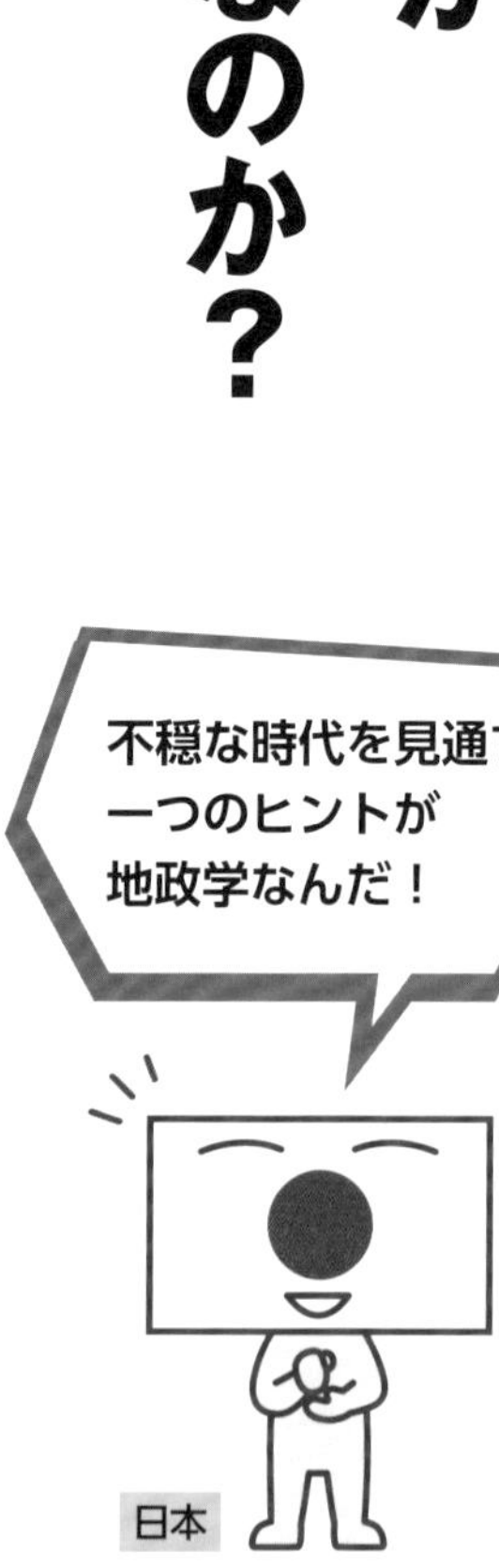

不穏な時代を見通す一つのヒントが地政学なんだ！
日本

「地政学」で読み解く「関ヶ原の戦い」

地政学では、地理的条件を読み解くことが重要となる。例えば、徳川家康率いる東軍と石田三成《みつなり》ら西軍が激突した関ヶ原の戦い。この「天下分け目の戦い」が関ヶ原で起こった理由は、東海地方から近畿地方へ行軍するにはここを通るしかない、という交通の要衝だったからだ。関ヶ原は南北の山地に挟まれた隘路《あいろ》となり、古代から交通を取り締まる関所が置かれていた。飛鳥時代に王朝を二分して争われた壬申《じんしん》の乱でも、関ヶ原周辺で戦いが生じた。交通の要衝であることは、江戸時代の主要街道である中山道がこの地を通り、現在も新幹線や高速道路が走っていることからもわかるだろう。

このように、「なぜこの場所で起こったのか」を考えることが地政学の「キモ」となる。

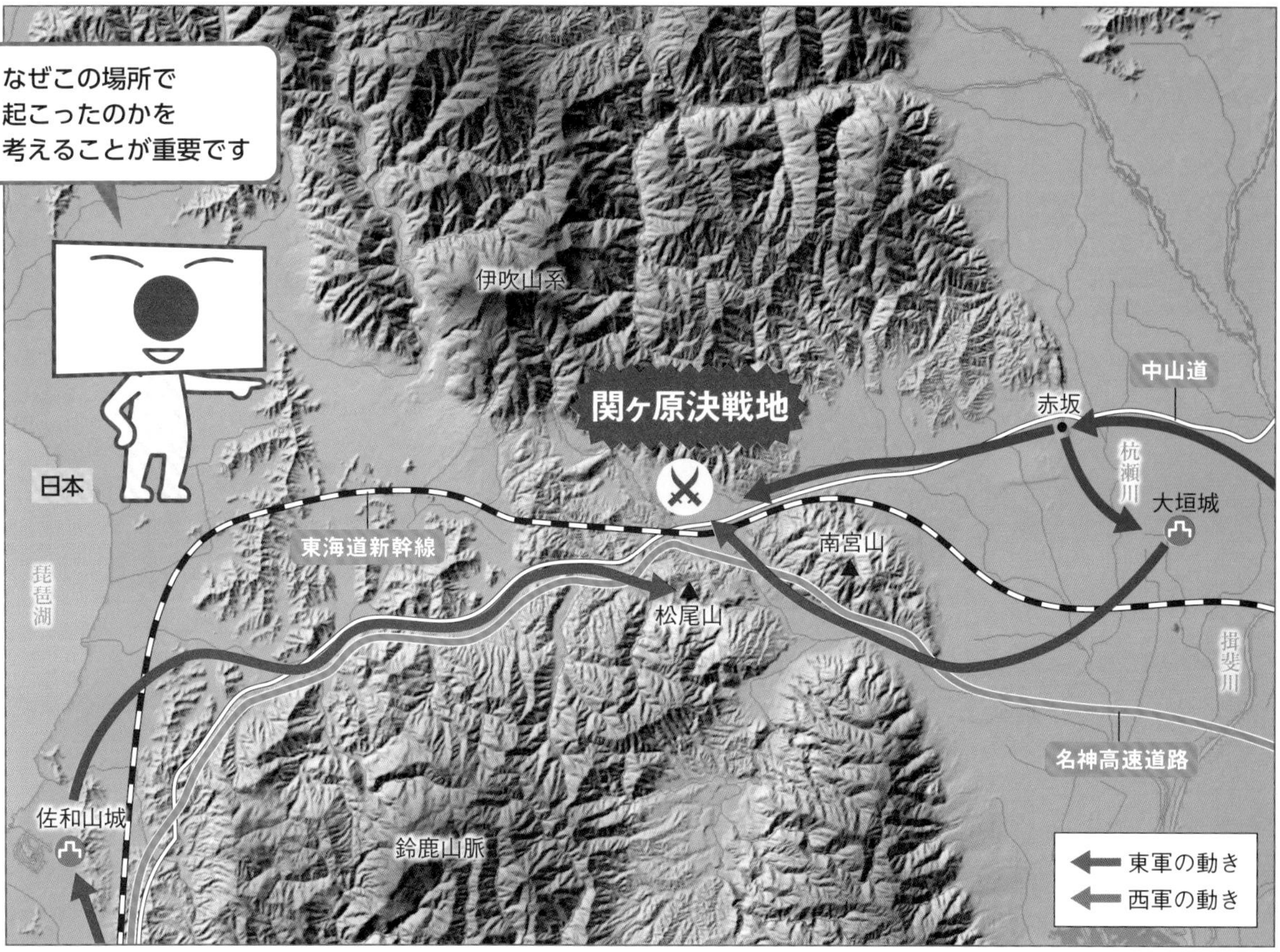
なぜこの場所で
起こったのかを
考えることが重要です
伊吹山系
関ヶ原決戦地
中山道
赤坂
杭瀬川
大垣城
日本
東海道新幹線
南宮山
琵琶湖
松尾山
揖斐川
名神高速道路
佐和山城
鈴鹿山脈
東軍の動き
西軍の動き

ワンポイント!

地政学はなんでもわかる万能ツールじゃない！

地政学の研究には、「批判地政学」といって、地政学を批判的に分析する分野があります。

地政学では「ランドパワー（→ P10)」や「シーパワー（→ P12)」、「リムランド（→ P16)」といった独自の概念をツールとして用いながら国際情勢などを分析しますが、批判地政学ではこうした分析の仕方に批判の目を向けます。「ちょっと待ってよ。そんなやり方で本当に世界を客観的に分析できるの？　政策立案者たちが自分たちに都合良く世界を解釈するために、地政学の世界観を利用しているだけじゃないの？」という疑問を差し挟むわけです。

確かに批判地政学の言い分は一理あります。なぜなら地政学は、客観性を重視する学問としてではなく、政策立案者たちが自国の外交のあり方を考える際の分析手段として発展してきたからです。地政学的な視点を身につけることは大事ですが、「世界を理解するための万能ツール」と思い込まないことも大切です。

「地政学」が誕生した理由と経緯を教えて！

【キーワード】米英系統とドイツ系統　世界大戦

米英系統とドイツ系統の二つの流派があった

「地政学」が学問として成立したのは、19世紀末から20世紀前半にかけてのことです。この頃の地政学には、**アメリカやイギリスの系統とドイツの系統の二つの流派**がありました。結論から先にいうと、現在まで生き残っているのはアメリカ／イギリス系統の地政学のほうであり、本書もその理論にもとづいて解説していきます。

アメリカの軍人、歴史家であるアルフレッド・マハン（1840～1914）。ランドパワーやシーパワー（→ P10・12）という地政学の基本概念を提唱した。

19世紀末から20世紀前半に地政学が発展したのは、当時の国際情勢と深く関係しています。米英系統の地政学の創始者とされるマハンは、アメリカの海軍軍人でした。マハンは過去の覇権国家について調べたうえで、**今後アメリカが大国になるためには、海洋国家（シーパワー）として力をつけていくべきだ**と主張しました。

次に登場した学者が、イギリスのマッキンダーやアメリカのスパイクマンです。彼らが生きた20世紀前半は、ドイツやロシア（ソ連）といった大陸国家（ランドパワー）が台頭していました。**「ランドパワーに対して英米のような海洋国家はどう対抗すべきか」という問題意識**から、地政学の理論を磨き上げていきました。

一方、ドイツ系の地政学の理論をかたちづくっていったのは、ドイツのラッツェルやハウスホーファー、スウェーデンのチェレーンといった面々でした。

ドイツ系の地政学は、**「国家も生物と同じ有機体であり、生き残るためには生存圏の拡大を図っていく必要がある」「生物である国家は、領土を拡大してでも、必要な資源を域内で自給自足できる状態をつくるべきである」**といった考え方を特徴としていました。こうした考えは、軍事侵攻によって勢力拡大をもくろむ、ヒトラー率いるナチスにとって都合の良いものでした。そのためナチスの政策の理論的根拠として利用されることになります。

ところがナチス・ドイツは、第二次世界大戦において英米などの連合軍に敗北。戦後になって、ナチスが行ったユダヤ人迫害などの様々な行為が否定されるとともに、**ドイツ系地政学は「世界を悲惨な戦争に導いた危険な理論」として葬り去られる**ことになったのでした。

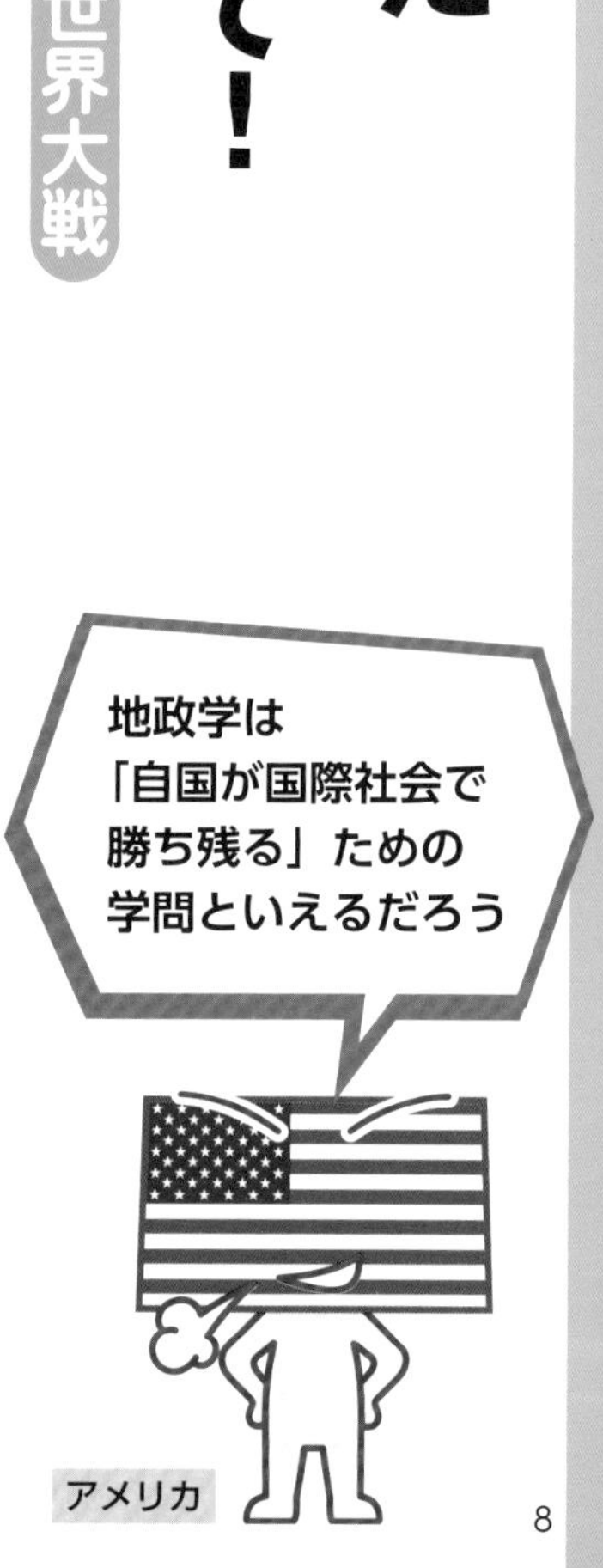
地政学は「自国が国際社会で勝ち残る」ための学問といえるだろう
アメリカ

二つの系統に分かれて発達した地政学

アメリカ／イギリス系統	ドイツ系統

帝国主義の時代（列強の植民地獲得競争）

アルフレッド・マハン

過去の覇権国家は、大陸国家（ランドパワー）と海洋国家（シーパワー）に分かれる。アメリカが大国となるためには、海へと勢力をのばして、シーパワーを強化することが大切だ。

フリードリヒ・ラッツェル

ダーウィンの進化論では、生物は生存競争によって環境に適したものだけが生き残るとされる。国家も生物と同様、生存をかけて隣接国と競い合う有機体なのである（国家有機体説）。

第一次世界大戦〜第二次世界大戦

ハルフォード・マッキンダー

これからはドイツやロシア（ソ連）などランドパワーの時代である。海洋国家であるイギリスは、ロシアが制する「ハートランド」（→ P16）を警戒しないといけない。

ルドルフ・チェレーン

国家が生物であるのなら、隣接国と争ってでも生命体の維持に必要なエネルギー（資源）を獲得し、自給自足できる状態を目指すのは自然なことである。

ニコラス・スパイクマン

国際的な紛争は、ランドパワーとシーパワーに挟まれた「リムランド」（→ P 16）に集中している。アメリカはリムランドの国々と良好な関係を築き、決してリムランドをランドパワーの手に渡らせてはならない。

カール・ハウスホーファー

国家は充分な資源を自足するための領土（「生存圏」）を持たないとならない。さらに、「生存圏」の外側に「経済的支配地域」を確立する必要がある。同じランドパワーの大国・ソ連とは共存すべきである。

第二次世界大戦におけるナチス・ドイツの敗北

世界の地政学の主流となる

ナチスの御用学問として戦後に封印される

ワンポイント！

戦後日本では地政学はタブーだった⁉

日本は資源に乏しい国です。そこで第二次世界大戦（アジア太平洋戦争）では、豊富な資源を海外に求めて、中国大陸や東南アジアに進出しました。その軍事侵攻を正当化するための理論として用いられたのが、ドイツ系統の地政学でした。当時の日本で地政学といえば、ドイツ地政学を意味していたのです。

しかし日本は戦争に敗れ、戦後アメリカを中心とするGHQ（連合国最高司令官総司令部）の占領下に置かれます。GHQは、日本が再び軍事国家になる危険を徹底的に削ぐために、地政学の研究を禁止しました。そのため日本では1970年代末ぐらいまで、地政学研究はタブー視されてきました。P6でも紹介したとおり、日本で「地政学」という言葉が再び使われ出したのはここ最近のことです。

日本では戦後からしばらく地政学を含めた軍事研究はタブーでした
日本

ロシアや中国の国土があれほど大きくなった理由とは？

【キーワード】ランドパワー　領土拡大

国土がデカいほど
国は強いのだ！
中国

攻撃は最大の防御だけど いくら攻めてもきりがない

ここからは地政学独自の概念について、いくつか紹介していきます。まず最初はランドパワーです。

ランドパワーとは、陸続きで他国と国境を接している大陸国家のことです。具体的にはロシア、中国、ドイツなどが挙げられます。これらの国の地理的な特徴は、海にも面してはいるものの、大陸の内陸部の深いところまで領土が広がっていることです。すると戦争が起きた時には、敵は海からよりも、陸から攻めてくる可能性のほうが高くなります。そのため、**国防に対する意識も海より陸のほうに向かいます。**わかりやすいのは中国の万里の長城です。あんなに長大な城壁を築いたということは、当時の為政者がいかに北方からの異民族の侵入を恐れていたかがわかります。

北方騎馬民族の侵入を阻止するために築かれた万里の長城。陸の国境が長いほど防備は難しくなる。

ロシアや中国のもう一つの特徴は、**領土が広大であること**です。ただしロシアについていうと、14世紀頃まではモスクワを中心とするとても小さな国でした。その後ロシアはどんどん拡大を続けていくことになるのですが、これはランドパワーの場合、**「攻撃は最大の防御」という意識が働きやすいから**です。自分たちの領土を守るためには、陸続きの周辺国を攻め落として領土を広げるのが国の安全につながります。けれども領土を広げても、その隣にはまた陸続きで別の国があるので、これも攻め落としたくなります。つまりきりがありません。

このように、**ランドパワーは領土拡大の志向が強い傾向**にあります。

ランドパワーの意識は、陸ではなく海のほうに向かうこともあります。例えばロシアは18世紀から20世紀初頭にかけて、冬でも凍らない港を求めて南下政策を遂行。これが原因で、イギリスやフランスなどとの間で何度も戦争が起きました。また同じくランドパワーのドイツは、19世紀末から20世紀初頭に海軍力の強化に着手。これに警戒心を抱いたイギリスと対立関係になり、第一次世界大戦が起きた要因の一つとなりました。

そして今は中国が、海への進出を強化しています。**ランドパワーが海を求めた時、国際情勢は不安定な状態に陥りがちです。**

拡大を続けランドパワーの大国となったロシア

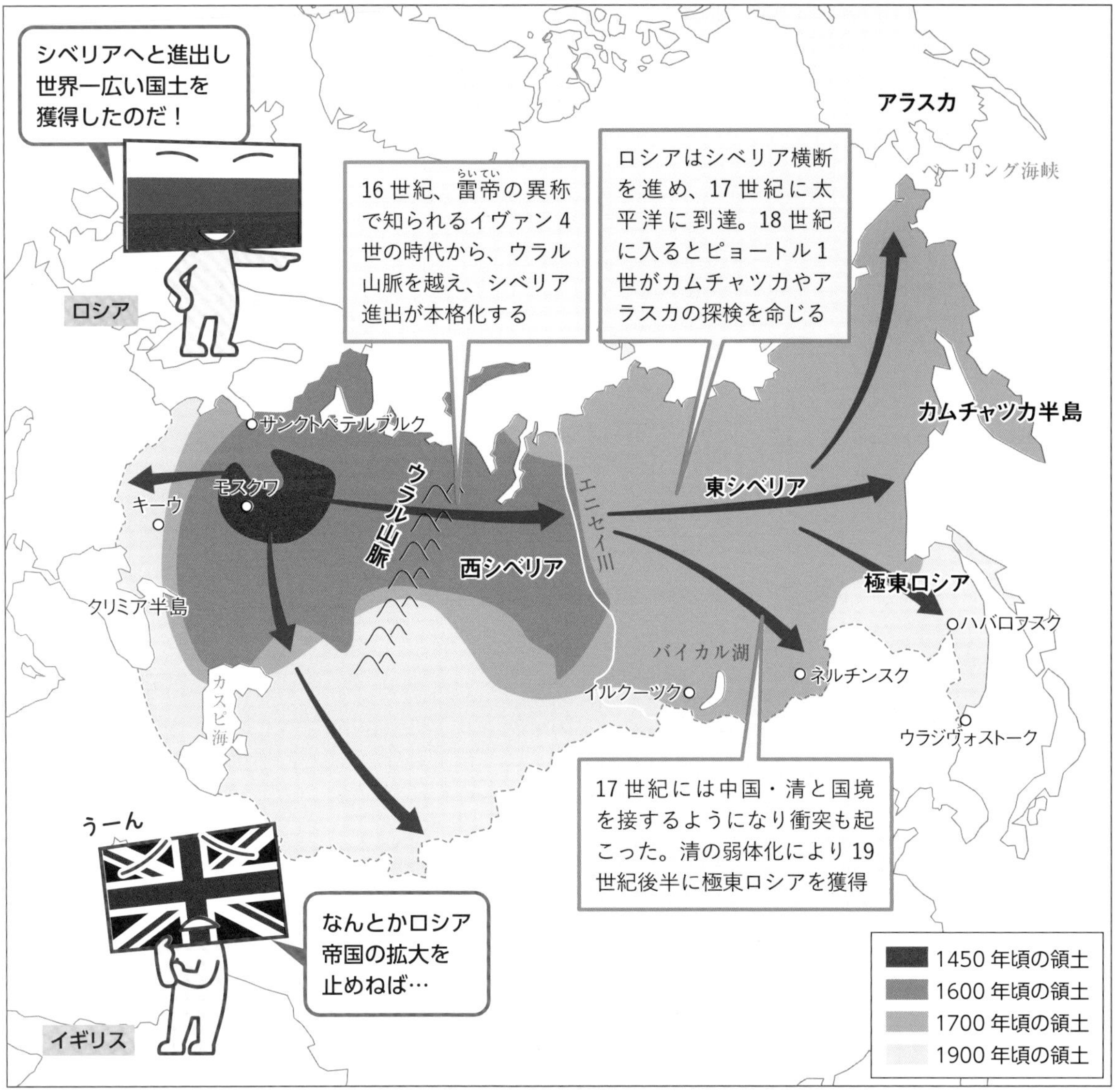
シベリアへと進出し世界一広い国土を獲得したのだ！
ロシア
16世紀、雷帝《らいてい》の異称で知られるイヴァン4世の時代から、ウラル山脈を越え、シベリア進出が本格化する
ロシアはシベリア横断を進め、17世紀に太平洋に到達。18世紀に入るとピョートル1世がカムチャツカやアラスカの探検を命じる
アラスカ
リング海峡
カムチャツカ半島
サンクトペテルブルク
モスクワ
キーウ
ウラル山脈
東シベリア
西シベリア
エニセイ川
極東ロシア
クリミア半島
ハバロフスク
バイカル湖
ネルチンスク
イルクーツク
カスピ海
ウラジヴォストーク
17世紀には中国・清と国境を接するようになり衝突も起こった。清の弱体化により19世紀後半に極東ロシアを獲得
うーん
なんとかロシア帝国の拡大を止めねば…
イギリス
1450年頃の領土
1600年頃の領土
1700年頃の領土
1900年頃の領土

ワンポイント！

ランドパワー同士の国境は危険!?

　ランドパワーの特徴は、領土拡大の志向が強いことです。そのランドパワーの大国同士が国境を接していればどうなるかというと、当然戦争や紛争が起きやすくなります。ロシアと中国の国境線は現在約4300km、ロシアがソ連だった時には約7300kmに達していました。そのため両国は1960年代から1980年代にかけて、同じ社会主義の国であるにもかかわらず、国境を巡って反目し合っており、実際に軍事衝突も発生しました。核戦争の勃発さえ危ぶまれたほどでした。今はロシアと中国は良好な関係にありますが、地政学的に見れば、いつ再び対立関係に陥っても不思議ではありません。

ロシア
中ロの国境＝4300㎞
中国
根室と那覇の距離
‖
約2500㎞

北海道の根室と沖縄の那覇の直線距離は約2500km。これと比べると中ロ国境がいかに長い距離で接しているかがわかる。

海を制するシーパワーが世界を制する!?

［キーワード］シーパワー　アメリカ　イギリス

シーパワーの国は恵まれている!?

地政学では、国境の多くを陸続きで他国と接している国のことをランドパワーというのに対して、国境の多くが海に面している海洋国家のことをシーパワーといいます。**シーパワーの代表国としては、イギリスやアメリカ、日本**が挙げられます。

進
貢

東アジアでの交易で栄えたかつての琉球王国もシーパワーの国といえる。画像は琉球の進貢船（沖縄県立博物館・美術館蔵）。

このうちアメリカについては、「確かに大西洋や太平洋に面しているけど、カナダやメキシコとは、陸続きで国境の多くを接しているではないか」と思われるかもしれません。しかしアメリカとカナダ、メキシコとでは、経済力も軍事力も桁外れに差があり、アメリカにとって両国は国家を脅かす存在ではありません。そのぶん、**アメリカは海のほうに意識を向け、さらには海の向こうにあるヨーロッパや中東、アジアにおいて、いかに自国のプレゼンスを高めていくか**ということに専念できます。

シーパワーの特徴は、**海が天然の防波堤となってくれるために、ランドパワーと違って隣国から攻め込まれ、国土が直接戦場になるリスクが低い**ことです。特にアメリカは、第一次世界大戦、第二次世界大戦ともに途中から参戦したものの、本国は無傷でした。そのため、戦争によって疲弊しきったヨーロッパ諸国に代わって、世界の覇権国に躍り出ることができました。

シーパワーのもう一つ特徴は、**海を通じて、世界各地の国々とフットワークが軽く交易できる**ことです。何しろ地球の表面積の3分の2は海ですし、地球の地形は海が陸地を囲い込むようなかたちになっています。かつてイギリスが大英帝国といわれていた時代、世界各地に進出し、交易を行ったり、植民地にしたりできたのも、イギリスがシーパワーの国だったからこそ可能となったことでした。

こうして見ていくと、ランドパワーよりはシーパワーのほうが、地理的には恵まれた環境にあるといえます。事実、航海技術の発達とともに人々が世界の海に乗り出していった15世紀の大航海時代以降、**世界の覇権を握ったのは、スペイン、ポルトガル、オランダ、イギリス、アメリカといったシーパワーの国々**でした。今もその状況に、基本的には変化はありません。

俺様以外にも
イギリスや
日本なんかが
シーパワーの国と
いえるだろうな

アメリカ

シーパワーで世界を制した19世紀のイギリス

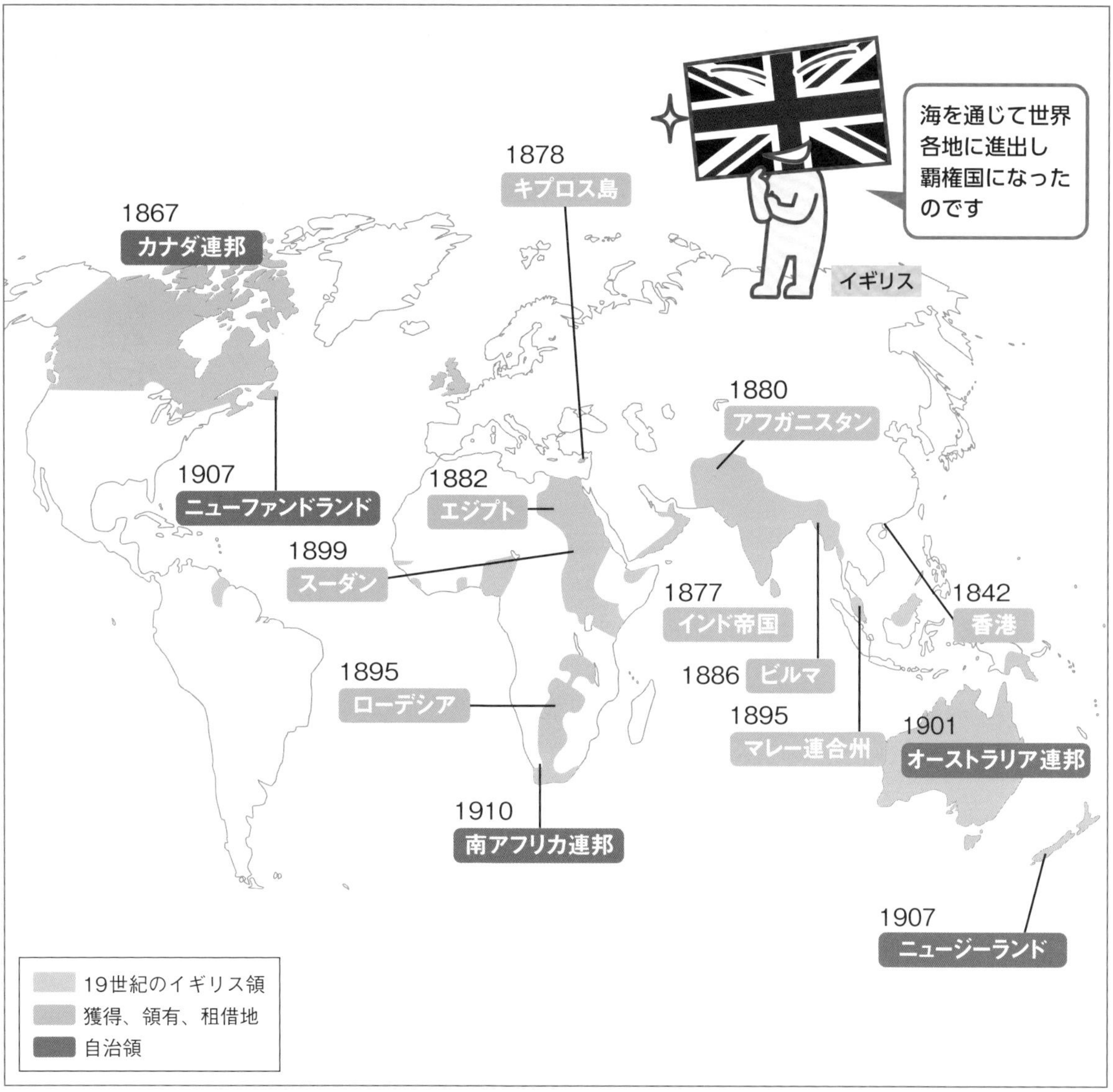
海を通じて世界各地に進出し覇権国になったのです
イギリス
1878
キプロス島
1867
カナダ連邦
1880
アフガニスタン
1907
ニューファンドランド
1882
エジプト
1899
スーダン
1877
インド帝国
1842
香港
1886
ビルマ
1895
ローデシア
1895
マレー連合州
1901
オーストラリア連邦
1910
南アフリカ連邦
1907
ニュージーランド
19世紀のイギリス領
獲得、領有、租借地
自治領

ワンポイント!

アメリカが世界の警察を降りた理由とは?

第二次世界大戦後、世界の覇権を握ったのはシーパワーの国・アメリカです。アメリカはこれまで国際秩序を守るという理由で、世界各地に軍事拠点を展開してきました。ところが2013年、オバマ大統領は「もう世界の警察官はやめた」と宣言し、続いて大統領になったトランプやバイデンも、この政策を継続。少しずつ世界から手を引きつつあります。

背景には、膨大な軍事費が財政の負担になっていることや、「世界の警察官」を自認し、各地の紛争に介入したものの、イラクなどで統治に失敗してきたことが挙げられます。アメリカは今、覇権国となって以来、最も内向きになっています。

「アメリカは世界の警察官ではない」と述べたオバマ元大統領。

ランドパワーとシーパワーではどちらが強いのか？

［キーワード］ 大航海時代　鉄道　ロシア対イギリス

世界史はランドパワーとシーパワーの対立の歴史

覇権国争いにおいては、現状では海へのアクセス権を持っているシーパワーのほうが有利であることは否めません。シーパワーがその能力を十全に発揮できるようになったのは、**航海技術が発達し、大航海時代が始まる15世紀以降のこと**です。それ以前はランドパワーのほうが優勢な状況にありました。13世紀には遊牧民国家であるモンゴル帝国が遠征を繰り返し、アジアの周辺国やヨーロッパ諸国を脅かしました。

しかし15世紀以降は、世界はシーパワーの思うがままになります。**スペインやポルトガル、次いでオランダ、イギリスと、世界の海を制した国が交易を牛耳り、覇権国家**となりました。

シーパワーにとって、再びランドパワーの存在が脅威と映るようになったのは、19世紀後半のことです。その理由は、**人や物資を短時間で大量に遠距離へと運べる鉄道が登場したこと**でした。ランドパワーは船で世界へと乗り出すことは難しくても、鉄道でこれを実現することが可能になったのです。事実、ロシアは、シベリア鉄道の建設に着工。ドイツもベルリンからバクダードを鉄道で結ぶ計画を立てました。

この時期、ランドパワーの中でも特に勢力拡大の野心を燃やしていたのはロシアでした。「南下《なんか》政策」といって、**ユーラシア大陸の南へと進出する政策を推し進めたため、先にこのエリアを押さえていたシーパワーのイギリスと対立**。中央アジアなどで、グレートゲームと呼ばれる攻防が繰り広げられました。結果は、イギリスがロシアを封じ込めることに成功しました。

もちろんシーパワーとランドパワーは、常に対立関係にあるわけではありません。第二次世界大戦時のヨーロッパ戦線では、シーパワーの米英とランドパワーのソ連がともに手を組んでドイツと戦いましたし、逆にアジアではお互いにシーパワーである日本とアメリカが激突しました。ただし地政学のセオリーとしていえるのは、**ランドパワーのどこかの国が領土的野心を明らかにした時には、必ずシーパワーと対立する**ということです。今の中国とアメリカの関係がまさにそうだといえます。

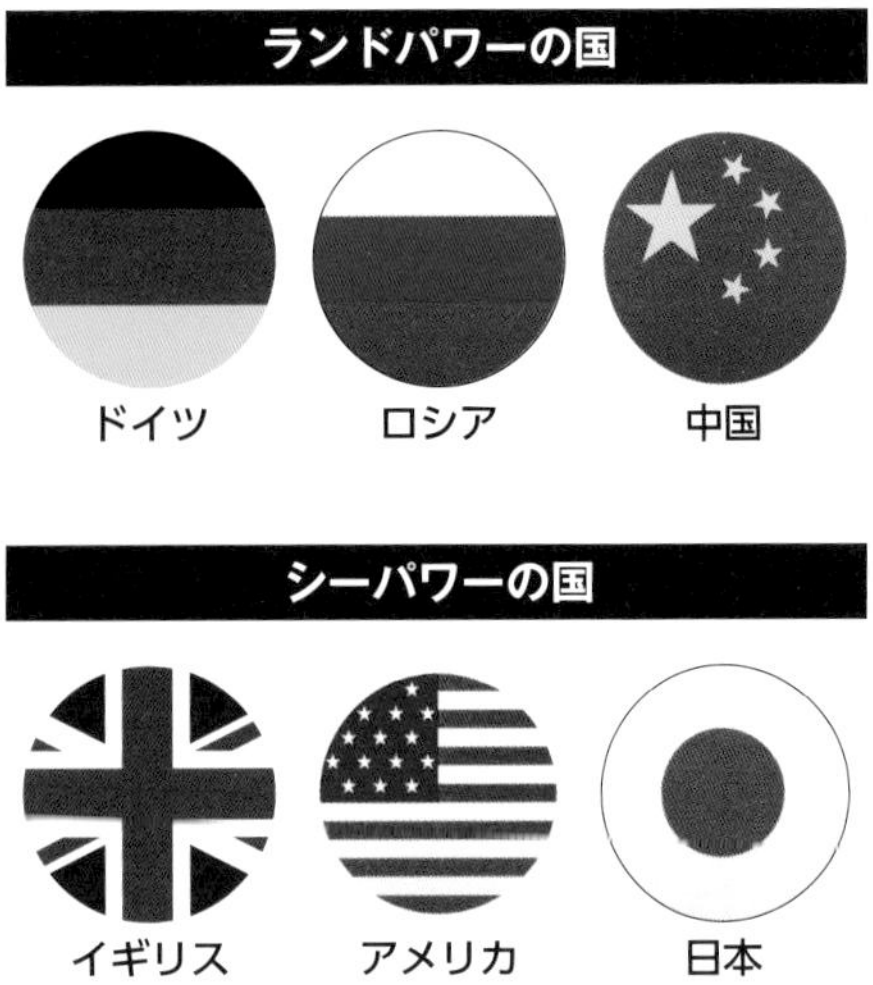
ランドパワーの国
ドイツ
ロシア
中国
シーパワーの国
イギリス
アメリカ
日本

大航海時代以降はシーパワー優位の時代が続いているんだなぁ
日本

ユーラシア大陸を舞台にしたロシアとイギリスの争い

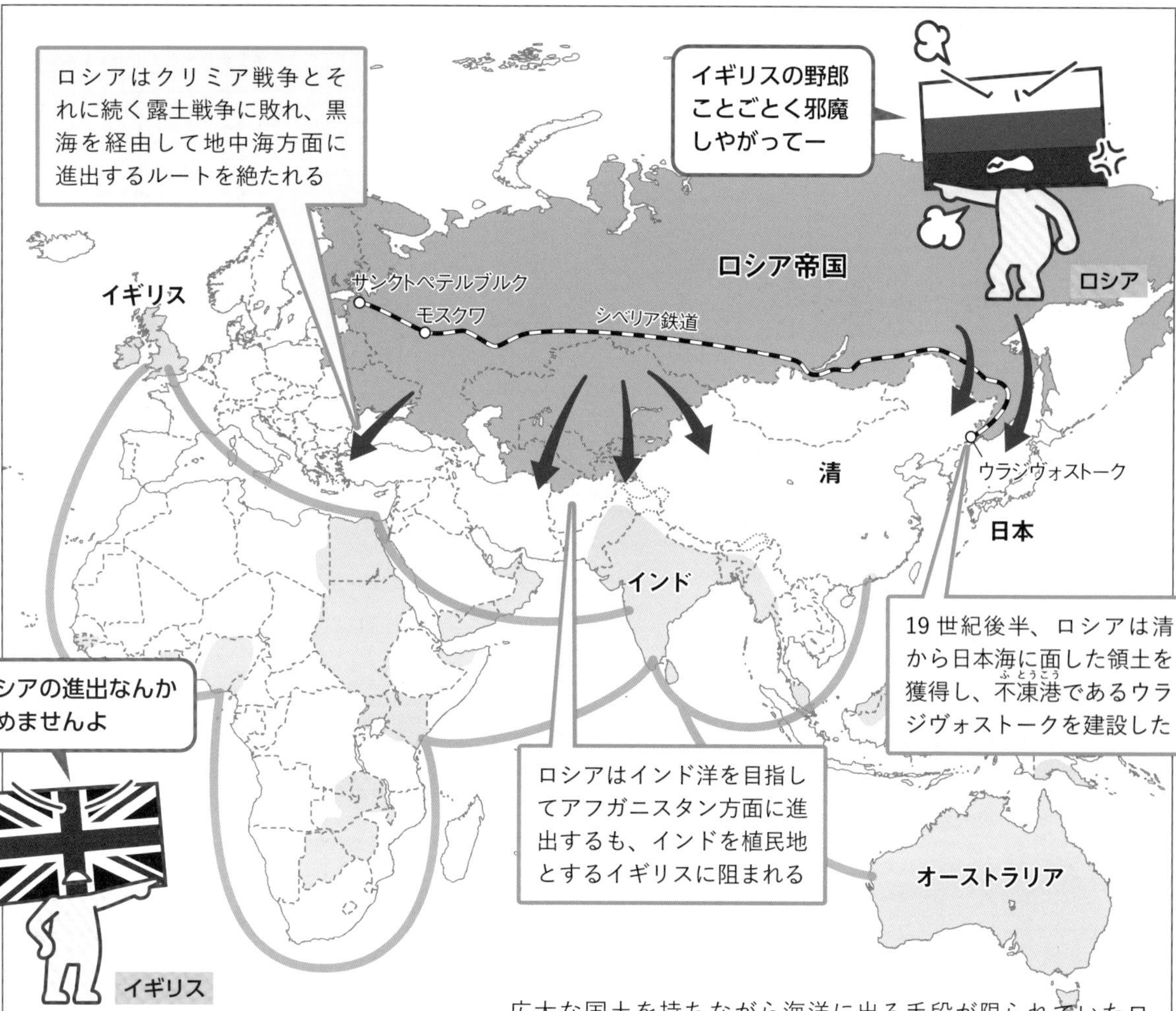

ロシアはクリミア戦争とそれに続く露土戦争に敗れ、黒海を経由して地中海方面に進出するルートを絶たれる
イギリスの野郎ことごとく邪魔しやがってー
ロシア
ロシア帝国
イギリス
サンクトペテルブルク
モスクワ
シベリア鉄道
清
ウラジヴォストーク
日本
インド
19世紀後半、ロシアは清から日本海に面した領土を獲得し、不凍港《ふとうこう》であるウラジヴォストークを建設した
ロシアの進出なんか認めませんよ
ロシアはインド洋を目指してアフガニスタン方面に進出するも、インドを植民地とするイギリスに阻まれる
オーストラリア
イギリス

19世紀後半のロシア領
イギリスとその進出地
※国境線は現在のもの

広大な国土を持ちながら海洋に出る手段が限られていたロシアは、19世紀に入って積極的な南下政策を実施。しかし、シーパワーのメリットを活かして世界中に植民地と海洋拠点を持っていたイギリスと対立し、南下を阻まれてしまった。

世界史に見るランドパワーVSシーパワー

15世紀以前
ランドパワーの時代
航海技術が未発達のため、交易は陸路が中心。ユーラシア大陸を制覇したモンゴル帝国に見られるように、国土の大きさが国力の高さに比例した。

15〜19世紀
シーパワーの時代
大航海時代以降、世界は交易によりつながり、その交易を支配したシーパワーの国が覇権国家となった。スペインとポルトガル、次いでオランダ、その後イギリスが制する。

19世紀後半以降
ランドパワーの巻き返し
鉄道の発達により輸送力が高まったことで、鉄道敷設技術と資本を持つロシアやドイツなどランドパワーの国が台頭、シーパワーの国々と対立する。

20世紀後半以降
シーパワー優位の時代
陸路よりも海路のほうが輸送量が多いため、世界的な交易が活発化するとシーパワーの国が優位になる。特にアメリカが経済力でも軍事力でもナンバー1国家となる。

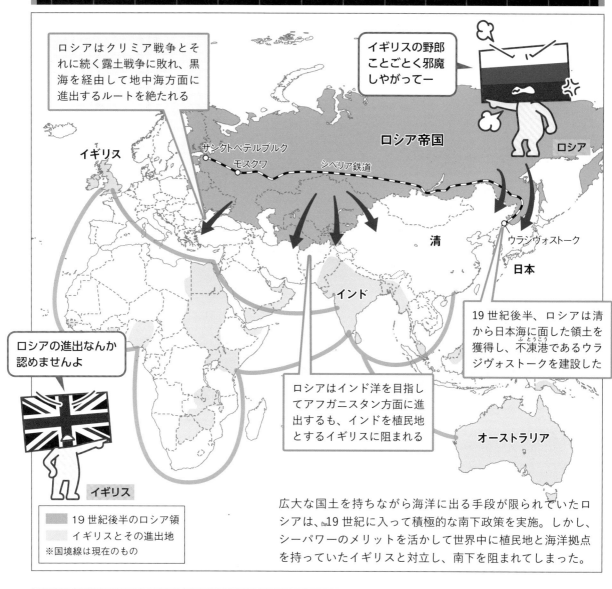

なぜ事件はいつも"周辺"で起こるのか？

【キーワード】ハートランド　リムランド　マージナルシー

勢力がせめぎ合う場所で戦争や紛争は起こる！

19世紀末から20世紀初頭に活躍したイギリスの地理学者マッキンダーは、ユーラシア大陸の一番奥の部分、つまりランドパワーのロシアが領土としている一帯を「ハートランド」と名づけました。

ハートランドの地理的な特徴は、**背後にある北極海は一年のほとんどを氷に閉ざされているため、海から攻めるのは難しいことです。**川伝いに攻めようにも、ハートランドを流れている大河は北極海に注いでいるため、これも至難となります。

つまり、**ハートランドは「守り」という点においては最強**というわけです。例えば19世紀初めにフランスのナポレオン軍はロシアとの戦いで、広大なハートランドに入り込みすぎたために、兵は疲れきり、物資も底をつき、大敗北を喫してしまいました。

そんなロシアが**ハートランドをがっちり固めながら、勢力拡大を進めてきたら、シーパワー陣営にとっては脅威**です。事実、前ページでも述べたように、この時代のロシアとイギリスは、ユーラシア大陸の周辺部に位置する互いの勢力圏の境界線でつばぜり合いを繰り広げました。両国の緊張関係は1907年に英露協商が結ばれ、ロシアに代わってドイツがシーパワー陣営の脅威の対象に変わるまで続きました。

アメリカの国際政治学者だったスパイクマンは、このランドパワーとシーパワーがせめぎ合う境界線のあたりを「リムランド」と名づけたうえで、**「リムランドを制した者がユーラシアを制し、ユーラシアを支配する者が世界の運命を制す」**と述べました。

この言葉どおり、その後行われた朝鮮戦争もベトナム戦争も、今のロシアによるウクライナ侵攻も、リムランドを制することを目指して勃発したものです。戦争や紛争がユーラシア大陸の周辺部で多発してきたことには、理由があるのです。

なお、**ユーラシア大陸の外側に位置する半島や列島、海域のことをマージナルシー**と呼び、ここも地政学上重要なポイントとされています。リムランドにおいてシーパワーがランドパワーに対抗するためには、まずはマージナルシーを押さえることが必須となるからです。

ベトナム戦争を戦う北ベトナム兵。戦争は10年以上に及び、多くの死傷者を出した。

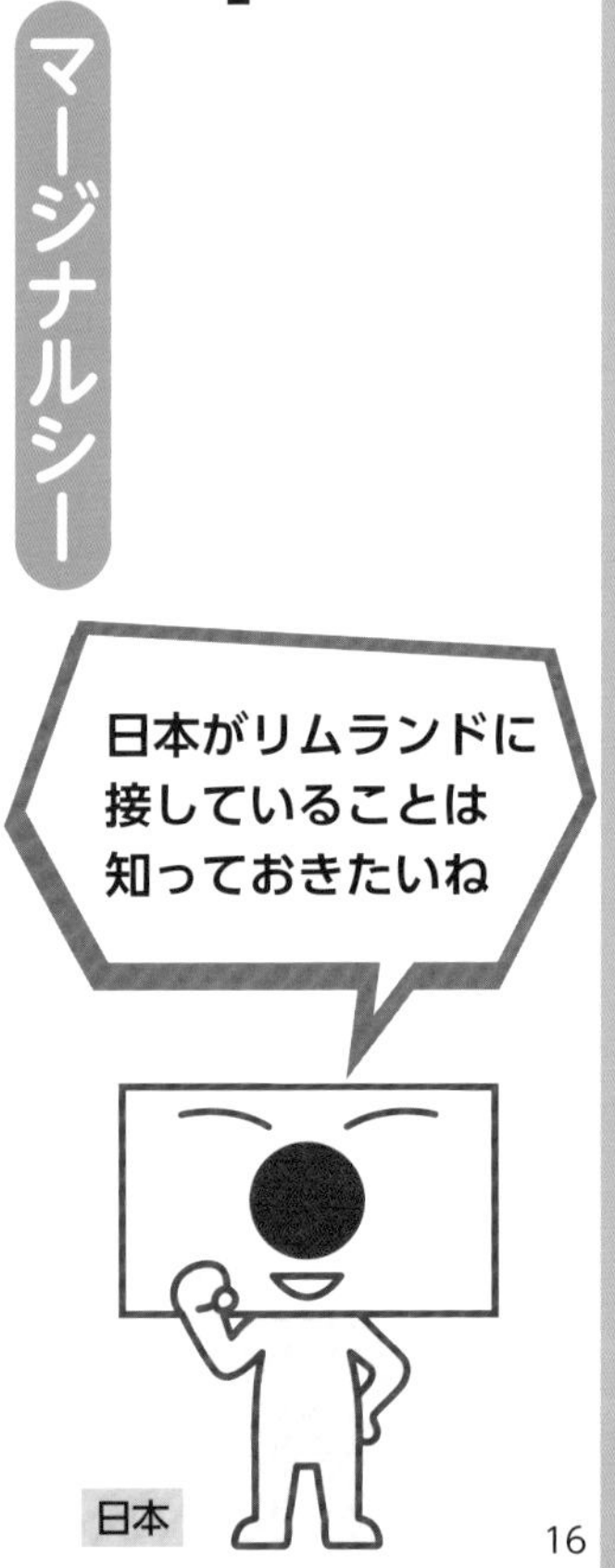
日本がリムランドに接していることは知っておきたいね
日本

ハートランド、リムランド、マージナルシーの概念図

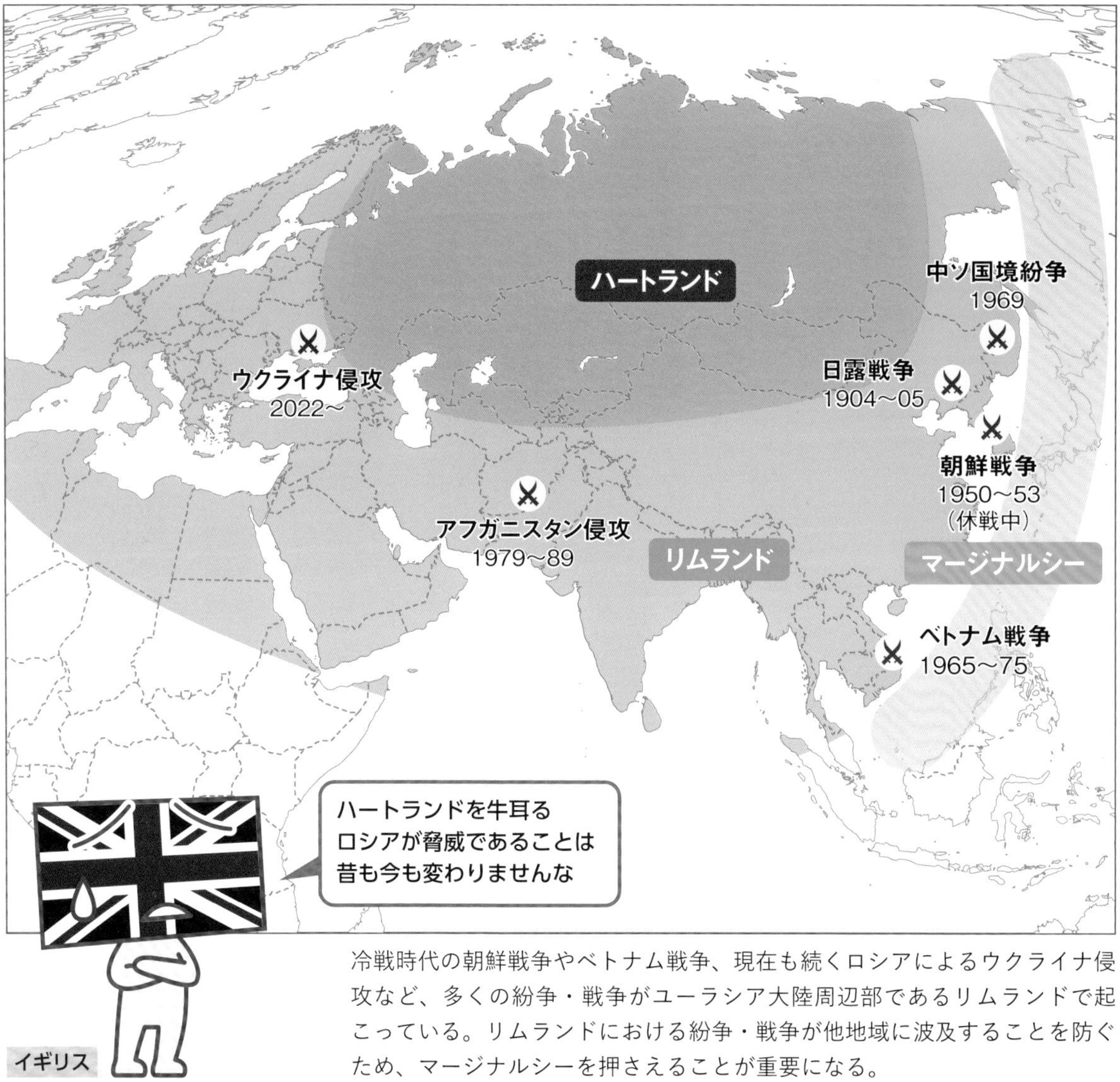
ハートランド
中ソ国境紛争
1969
ウクライナ侵攻
2022〜
日露戦争
1904〜05
朝鮮戦争
1950〜53
（休戦中）
アフガニスタン侵攻
1979〜89
リムランド
マージナルシー
ベトナム戦争
1965〜75
ハートランドを牛耳る
ロシアが脅威であることは
昔も今も変わりませんな
イギリス

冷戦時代の朝鮮戦争やベトナム戦争、現在も続くロシアによるウクライナ侵攻など、多くの紛争・戦争がユーラシア大陸周辺部であるリムランドで起こっている。リムランドにおける紛争・戦争が他地域に波及することを防ぐため、マージナルシーを押さえることが重要になる。

ワンポイント!

地政学的争いは深海にも及ぶ!?

北朝鮮がミサイルの発射実験を繰り返していることもあり、私たちは核ミサイルというとICBM（大陸間弾道ミサイル）ばかりに意識が向きがちです。けれどもICBMよりももっと怖ろしいのは、原子力潜水艦から発射されるSLBM（潜水艦発射ミサイル）です。原子力潜水艦は深海に長期にわたって潜水することが可能です。そして深海に潜り込まれると、衛星やレーダーで捕捉することが困難になります。そのためいざ全面戦争になった時には、見えない場所から核ミサイルを撃ち込まれ、またどこに潜水艦がいるかわからないため、反撃のしようがないわけです。

SLBMを有効に機能させるためには、単に核ミサイルや原子力潜水艦を保有しているだけではなく、敵から潜水艦の姿をくらますために、深海が存在する海域を押さえておくことが重要になります。地政学的な勢力争いは、陸上や海上のみならず、深海を巡っても繰り広げられています。

チョークポイントが日本にとって重要なのはなぜか？

【キーワード】シーレーン　チョークポイント

エネルギーを輸入に頼る日本にとってチョークポイントは〝生命線〟なのです！

線と点を押さえれば海は支配できる

シーパワーがランドパワーよりも有利な理由の一つとして、**陸を支配するには領土全体を面で押さえなくてはいけないのに対して、海を支配するには線と点だけ押さえておけばいい**ことが挙げられます。

例えば中東で石油を積んだ日本のタンカーは、ペルシア湾からホルムズ海峡を抜けたあと、アラビア海やインド洋を通ってマラッカ海峡へと向かい、さらにはバシー海峡を抜けて日本へと至ります。この海上交通路さえ線でしっかり押さえておけば、石油は問題なく日本に到着します。別にアラビア海やインド洋全体を支配下に収める必要はないわけです。こうした**その国の安全や経済活動を維持するうえで、欠かせない海上交通路＝線のことを「シーレーン」**といいます。日本がシーレーンを確保できているのは、同盟国のアメリカがこのルートを押さえてくれているおかげです。

さらにはシーレーンの中でも、**「ここだけは絶対に押さえておかなくてはいけない」という点のことを「チョークポイント」**といいます。日本のシーレーンでいえば、**ホルムズ海峡やマラッカ海峡**がチョークポイントにあたります。また世界には**ジブラルタル海峡やバブ・エル・マンデブ海峡、スエズ運河やパナマ運河**など、全部で10か所程度のチョークポイントが存在します。19世紀のイギリスは世界中の海に進出し、「七つの海の覇者」と呼ばれましたが、これはチョークポイントをことごとく支配下に収めることができたゆえに、可能になったことでした。

もしチョークポイントを敵対する国に奪われてしまった場合、船はその航路を安全に航行できなくなり、遠回りを余儀なくされます。時間がかかればコストもかさむため、経済的に大きな打撃を被ります。

今、海洋進出を進めている中国に対して、日本やアメリカが神経を尖らせているのも、**「中国にチョークポイントを渡すわけにはいかない」**という警戒心によるものです。太平洋やインド洋を巡る日米と中国の主導権争いを地政学的に分析する際には、チョークポイントがどこにあるかを意識しておくことが大切になります。

マラッカ海峡と接続するシンガポール海峡で待機するタンカー。

海上交通の要衝となる主要なチョークポイント

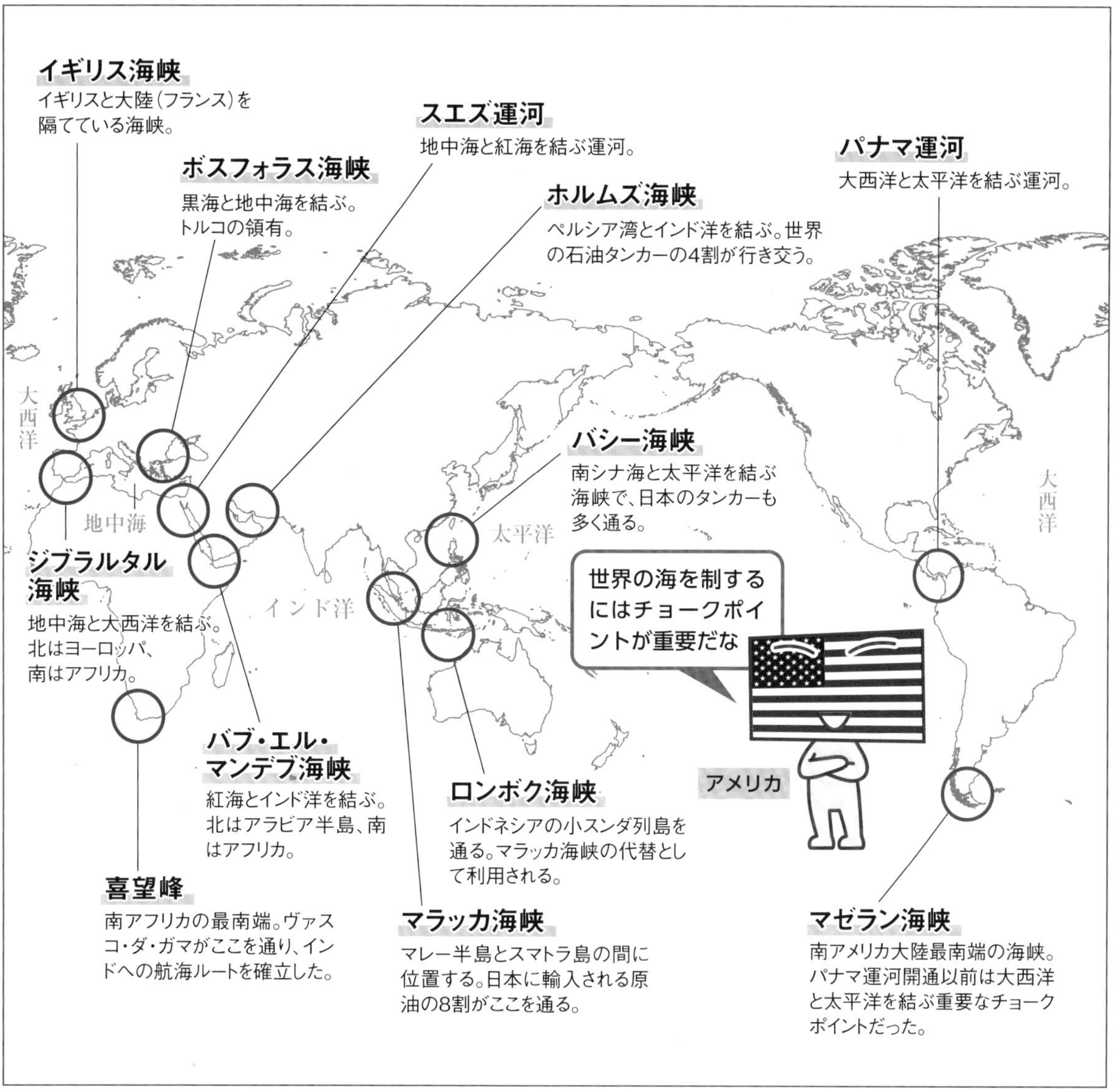
イギリス海峡
イギリスと大陸（フランス）を隔てている海峡。
ボスフォラス海峡
黒海と地中海を結ぶ。トルコの領有。
スエズ運河
地中海と紅海を結ぶ運河。
ホルムズ海峡
ペルシア湾とインド洋を結ぶ。世界の石油タンカーの4割が行き交う。
パナマ運河
大西洋と太平洋を結ぶ運河。
大西洋
地中海
ジブラルタル海峡
地中海と大西洋を結ぶ。北はヨーロッパ、南はアフリカ。
インド洋
太平洋
大西洋
バシー海峡
南シナ海と太平洋を結ぶ海峡で、日本のタンカーも多く通る。
世界の海を制するにはチョークポイントが重要だな
アメリカ
バブ・エル・マンデブ海峡
紅海とインド洋を結ぶ。北はアラビア半島、南はアフリカ。
ロンボク海峡
インドネシアの小スンダ列島を通る。マラッカ海峡の代替として利用される。
喜望峰
南アフリカの最南端。ヴァスコ・ダ・ガマがここを通り、インドへの航海ルートを確立した。
マラッカ海峡
マレー半島とスマトラ島の間に位置する。日本に輸入される原油の8割がここを通る。
マゼラン海峡
南アメリカ大陸最南端の海峡。パナマ運河開通以前は大西洋と太平洋を結ぶ重要なチョークポイントだった。

ワンポイント！

パナマ運河を巡るアメリカの野望

パナマ運河が開通したのは、1914 年のこと。これにより大西洋・太平洋間の行き来は、南アメリカ大陸の南端を回る必要がなくなり、航海にかかる日数は約 20 日間も短縮。パナマ運河は世界の新たなチョークポイントになりました。このパナマ運河の建設を計画したのはアメリカであり、完成後は自らが管理しました。もともと、パナマはコロンビアに属していたのですが、アメリカは独立運動家をけしかけてパナマを独立させたうえで、独立後は自国の支配下に置くことで、パナマ運河の利権を独占したのです。大国がチョークポイントを押さえることをいかに重視しているかがわかる逸話です。

全長 80km あるパナマ運河。1999 年に運河はパナマ政府に返還された。

地政学の基礎知識

各国の「拠点」を見ることでその国の戦略がわかる！

【キーワード】拠点　基地　戦略

「点」を結んで敵対国を封じ込める

前ページでは、海を支配するためには、チョークポイントという「点」を押さえることが大事だという話をしましたが、これはじつは海上に限ったことではありません。陸地についても、経済活動や軍事を有利に進めるうえで、どこを「拠点」に定めるかの判断がとても重要になります。また**各国が経済上や軍事上の拠点をどこに置いているかを分析すれば、その国の経済戦略や軍事戦略が見えてきます。**

例えば大航海時代の始まりとともに外洋へと乗り出したスペインは、16世紀にはブラジルを除いた中南米の地域を次々と植民地化。そして、メキシコの太平洋岸の街アカプルコを拠点の一つに定めました。一方でスペインは、中南米から遠く離れたフィリピンのマニラも植民地化します。その狙いは**マニラをアカプルコと中国（明）を結ぶ中間拠点にすることで、中国との間で貿易を行う**ことでした。その結果、マニラを介して、メキシコから中国には大量の銀が、中国からメキシコには絹織物が運ばれ、スペインや中国人商人は大いに潤いました。

また軍事面では、第二次世界大戦後にアメリカが世界各地のどこに米軍の拠点を配置したかを見てみれば、アメリカの軍事戦略が浮き彫りになってきます。**アジアでは沖縄、横須賀、韓国、インド洋に浮かぶイギリス領のディエゴ・ガルシア島**などに大規模な基地がありますが、これらはいずれも地政学的にはリムランドやマージナルシーに位置しています。つまり**シーパワーであるアメリカは、ランドパワーであるロシアや中国を封じ込めることを狙いとして、これらの場所に軍事拠点を設けている**ことが見て取れます。

一方でマージナルシーにおける拠点づくりを巡っては、近年は中国の動きから目が離せなくなっています。中国は軍事拠点とすべく、南シナ海に人口島を建設（↓P46）。さらにはアフリカ北東部のジブチ共和国には、中国としては初めての海外基地を建設しました。**中国の拠点の置き方を見れば、アメリカからマージナルシーの主導権を奪おうとしていること**がわかります。

スペインがマニラの軍事拠点として築いたとされるサンチャゴ要塞。

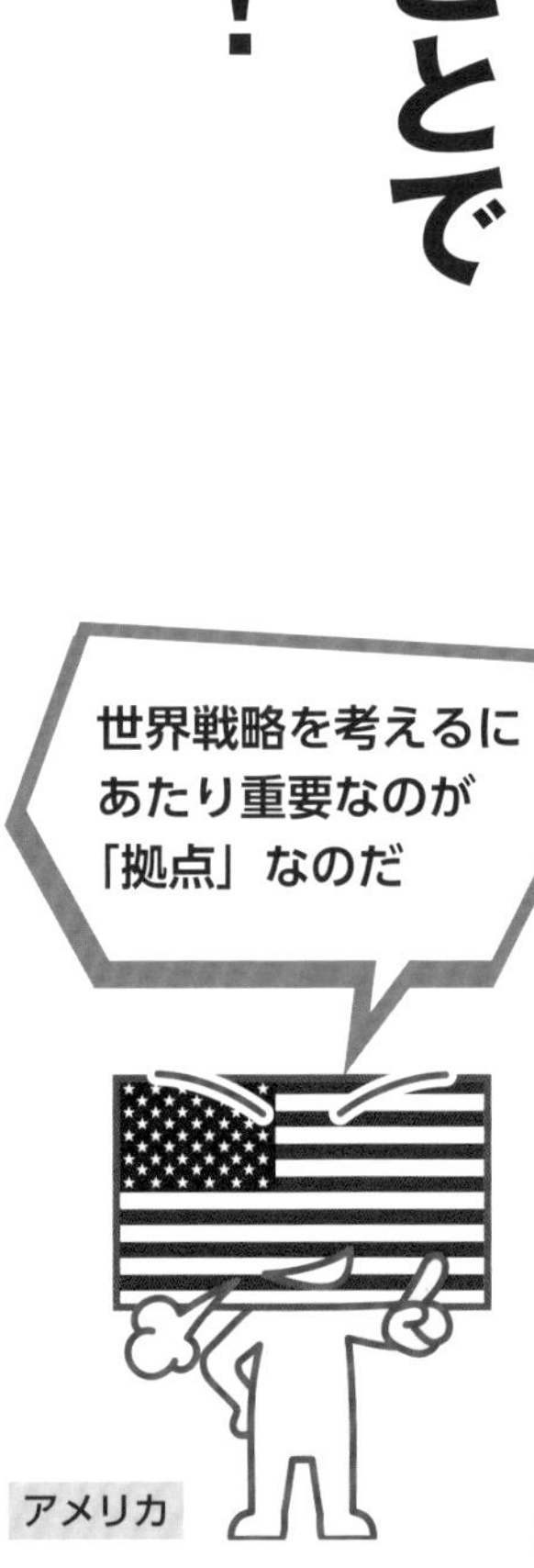
世界戦略を考えるにあたり重要なのが「拠点」なのだ
アメリカ

大航海時代のスペインとポルトガルの「拠点」

スペインは、16世紀前半に中南米のアステカ王国やインカ帝国を征服。その後、貿易風を利用した太平洋航路を開拓し、交易の拠点都市としてアカプルコとマニラを開発。中南米産の銀により中国の絹織物を購入しばく大な富を得た。

ライバルのポルトガルは、喜望峰を経由するインド航路を開拓。インドのゴアや東南アジアのマラッカが拠点として機能した。

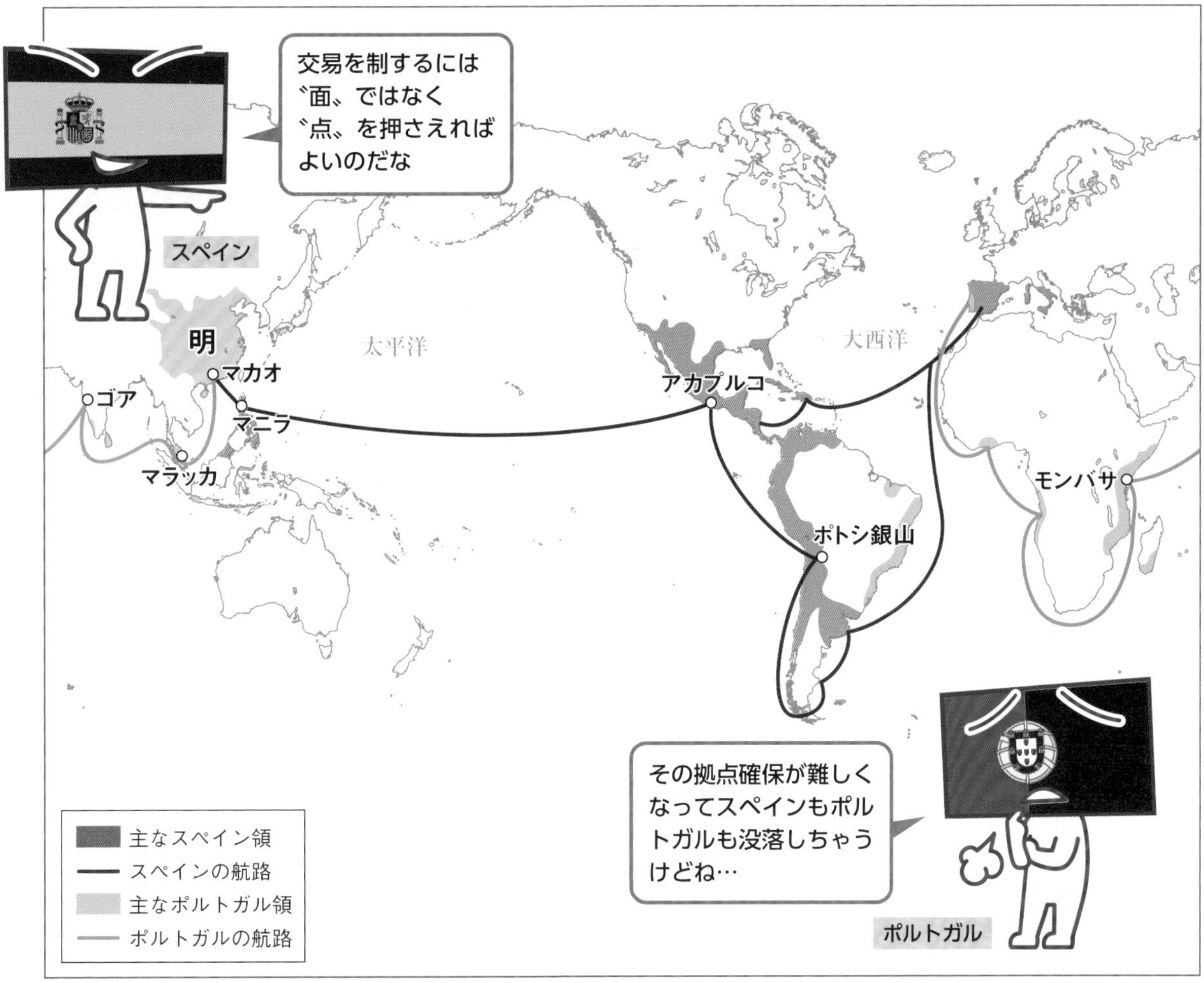
交易を制するには〝面〟ではなく〝点〟を押さえればよいのだな
スペイン
明
太平洋
大西洋
マカオ
ゴア
マニラ
マラッカ
アカプルコ
ポトシ銀山
モンバサ
その拠点確保が難しくなってスペインもポルトガルも没落しちゃうけどね…
ポルトガル
主なスペイン領
スペインの航路
主なポルトガル領
ポルトガルの航路

ワンポイント！

ジブチには自衛隊も拠点を設けている!!

じつはジブチには、2011年より日本の自衛隊も拠点を設けています。自衛隊にとっても初の海外拠点です。その目的は海賊対策。ジブチの隣国ソマリアは政治が機能していない破綻国家であり、生活に困った人たちが、紅海からインド洋への出口であるアデン湾海域で海賊行為を行うケースが多発してきました。

アデン湾は、日本の船が紅海を通って石油などを日本に運ぶ際のシーレーンの一つとされています。そこで日本の船の乗組員を海賊から守るために、海賊対処法という法律にもとづいて、ジブチに自衛隊が配備されているのです。

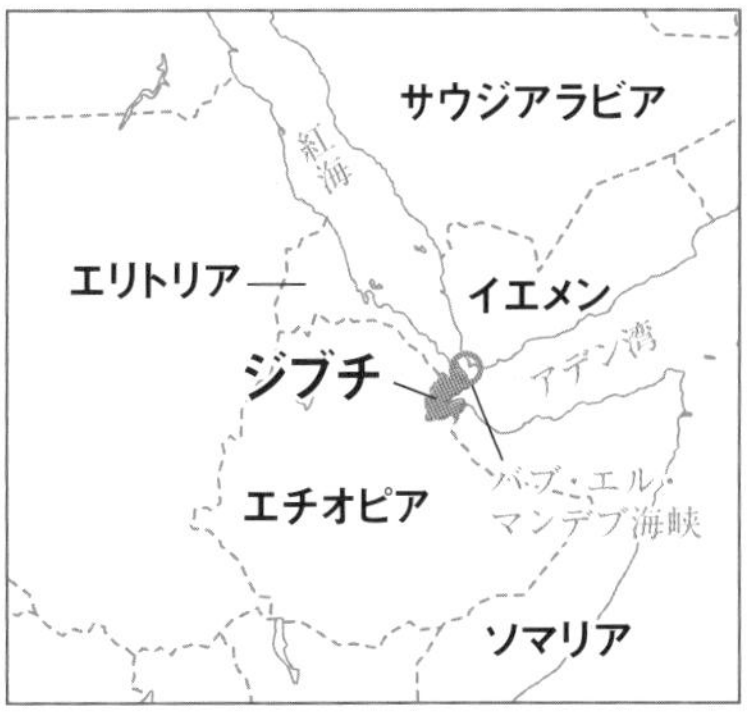
サウジアラビア
紅海
エリトリア
イエメン
ジブチ
アデン湾
エチオピア
バブ・エル・マンデブ海峡
ソマリア

大国が直接争わないようにクッションとなる緩衝地帯

【キーワード】緩衝地帯　緩衝国　衛星国

国家間の衝突を避けるため存在するエリア

対立する二つの国が直接国境を接していたとしたら、両国の緊張状態はとても大きなものになります。けれども両国の間に、**どちらにも属さないエリアを設定しておけば、緊張はかなり緩和します。こうしたエリアを地政学では緩衝《かんしょう》地帯**（**バッファーゾーン**）、そして緩衝地帯になっている国のことを緩衝国といいます。

ウルグアイとアルゼンチンの国境となるウルグアイ川。

例えばブラジルとアルゼンチンの間に、ウルグアイという小さな国があります。元々、ブラジルはポルトガルの植民地、アルゼンチンはスペインの植民地であり、互いにウルグアイを巡って争っていました。19世紀に入って両国が独立することになった時にも、このエリアをどちらの陣営に引き入れるかで軍事衝突が起きました。この時、**これ以上の対立の激化を防ぐために、イギリスの提案で緩衝地帯・緩衝国として設けられたのがウルグアイ**だったのです。

このように緩衝地帯や緩衝国は、国家間の衝突を避けるために存在しているわけですが、逆にいえば**衝突する可能性が高いからこそ、そこが緩衝地帯になっている**といえます。また緩衝地帯がどちらにも属さない中立的な場所であるということは、もしこれを自国の支配下に置くことができたなら、対立する国よりも優位に立つことができます。ですから、けっして**緩衝地帯＝安全地帯ではなく、むしろ戦争や紛争が起きやすいエリアである**といえます。

なお緩衝国とやや近い概念に、衛星国があります。**衛星国とは、独立国ではあるのですが、政治面、経済面、軍事面において、ある一つの大国のコントロール下にある国のこと**をいいます。ソ連時代における東欧諸国がそれにあたります（↓P66）。

ソ連にとって東欧諸国は、西側諸国との間の緩衝地帯の役割を担っていました。もし西側諸国と軍事衝突が起きても、最初に戦場になるのは東欧諸国であり、ソ連は本土の被害を抑えることができるからです。ただし衛星国は、ソ連にとっては緩衝地帯ではあるが、中立が保たれているエリアではありません。その点が本来の緩衝地帯・緩衝国の定義とは異なります。

緩衝国はたいがい
大国に翻弄される
つらい過去を
持つのだ…
ウルグアイ

緩衝地帯だったからこそ独立できたウルグアイ

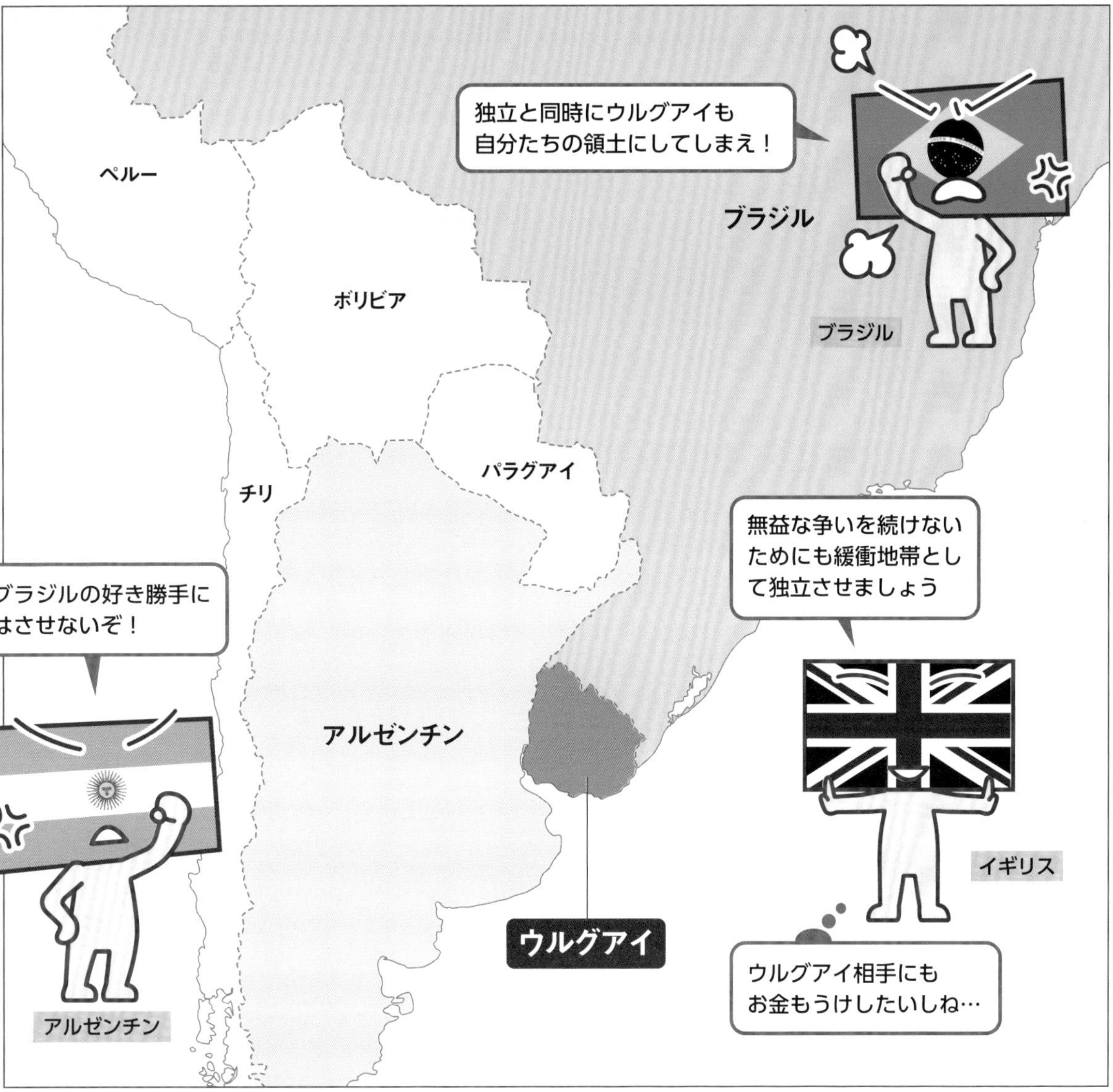
独立と同時にウルグアイも
自分たちの領土にしてしまえ！
ペルー
ブラジル
ブラジル
ボリビア
パラグアイ
チリ
無益な争いを続けない
ためにも緩衝地帯とし
て独立させましょう
ブラジルの好き勝手に
はさせないぞ！
アルゼンチン
イギリス
ウルグアイ
ウルグアイ相手にも
お金もうけしたいしね…
アルゼンチン

ワンポイント！

「バランス・オブ・パワー」が国際社会の安定を支えている⁉

バランス・オブ・パワー（勢力均衡）とは、対立する二つの陣営が存在した時に、その力関係を一定の均衡状態に保つことで国際社会の安定を保とうという理論です。逆にいうと勢力均衡理論の前提には、均衡が崩れると戦争が起きやすくなるという考えがあります。18 世紀から 20 世紀初頭にかけて、この勢力均衡理論を用いた外交を駆使していたのがイギリスでした。ヨーロッパの中で勢力拡大をもくろむ国が現れると、その一国だけが突出した存在にならないように、その都度他のヨーロッパ諸国との同盟関係を見直すことで、勢力均衡を維持しようとしたのです。

最近では中国が太平洋やインド洋での勢力拡大を推し進めているのに対して、アメリカ、日本、オーストラリア、インドがQUAD《クアッド》（日米豪印戦略対話／→ P54）を組むことで対抗しようとしていますが、これもこの地域の勢力均衡を図るための動きの一つと捉えてよいでしょう。

地政学の基礎知識

天然の障壁である「海」と「山」その違いはどこにあるのか？

【キーワード】海　山　障壁　交流

そこに「山」があったから ナチスは侵攻をあきらめた

シーパワーの項目（↓P12）でも述べたように、**「海」は天然の防波堤の役割**を担ってくれます。もし、ある国が海に囲まれた島国を攻めようとするならば、大量の軍艦と兵士、物資を調達したうえで、長い航海をする必要があります。「今の時代なら戦闘機やミサイルで攻撃すればいいじゃないか」と思われるかもしれませんが、空爆やミサイル攻撃によって、相手の国土に打撃を与えられたとしても、占領するためには人を送り込む必要があります。

「海」とともに、もう一つ**防波堤の役割を果たしてくれている地形が「山」**です。戦車隊や歩兵隊が山を越えて敵地を攻めるのがどれだけ大変かは、ちょっと想像してみただけでもわかります。また空から攻めようにも、険しい山が連なっていればそのぶん見通しも悪くなるため、どうしても攻撃は非効率になります。

ヨーロッパの山岳国家スイスは、永世中立国として知られています。スイスが中立を守れているのは、「山」が関係しています。かつてナチス・ドイツは、スイスの侵攻を検討したことがありました。しかし、**もしスイスがアルプス山脈を要塞代わりにして、徹底抗戦を挑んできたら、攻め落とすのは容易なことではありません**。この小さな国を占領するために、そこまでのエネルギーを注ぐのは賢明ではないと判断したナチスは、スイス侵攻をあきらめました。

スイスの国土。アルプス山脈が外敵からの障壁になっている。

ただし「海」も「山」も、軍事面で防波堤の役割を担っているという意味では同じですが、違いもあります。それは、**海には人々の交流や交易を促進する面もある**ということです。海は世界中に広がっていますから、15世紀に外洋航海の技術を手に入れたヨーロッパ人たちは、海を利用して地球の裏側にまで行くようになりました。

一方、**山は人々の交流や交易という面でも障壁として作用**します。そのため山を挟んで、まったく異なる文化が育まれるといったことが起きます。例えばかつてスペインではイスラーム国家が栄えたことがありましたが、隣国のフランスは領土にできませんでした。両国の間にはピレネー山脈が立ちはだかっているためです。

「山」が外敵の侵入を阻んだ事例

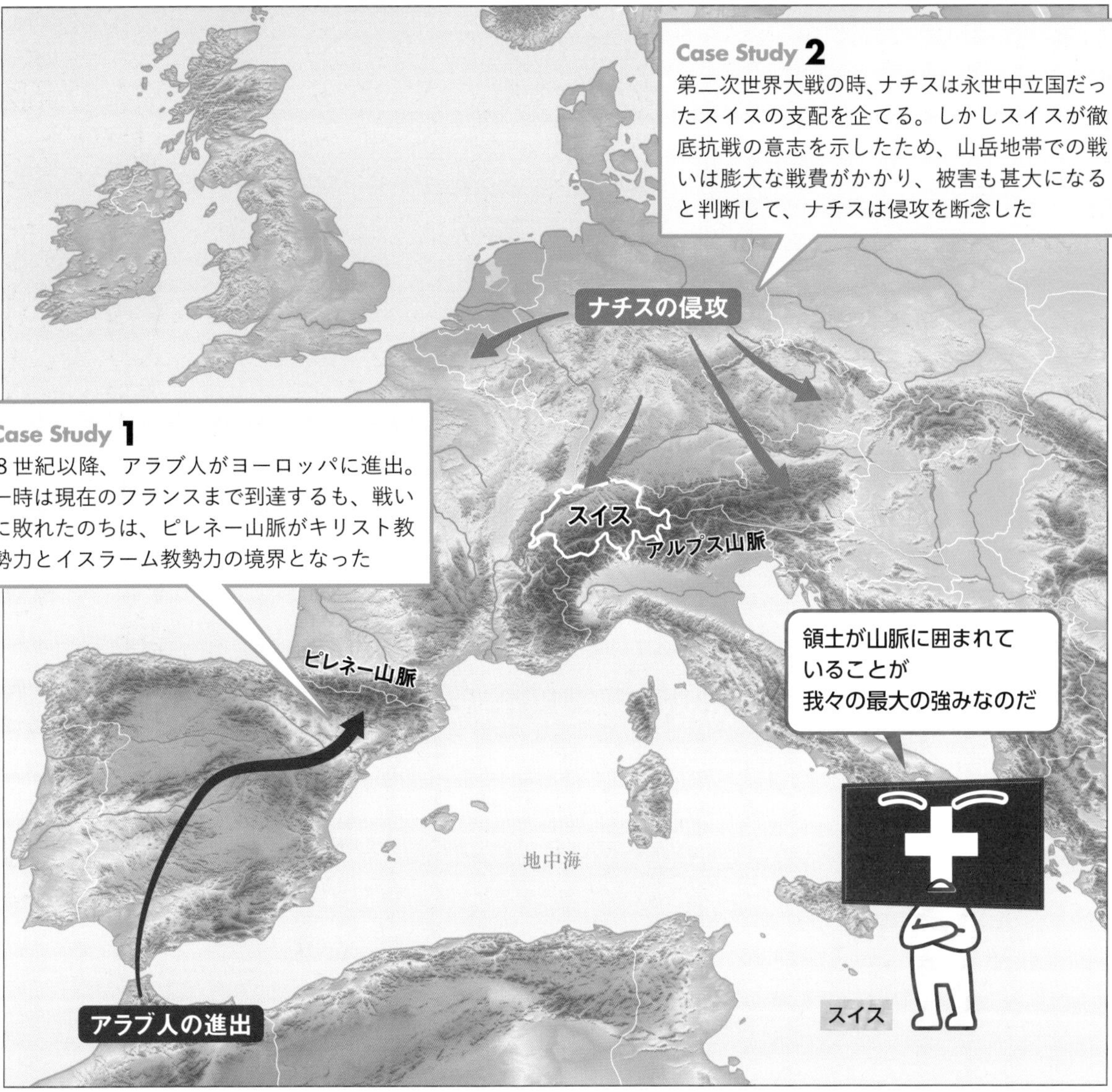
Case Study 2
第二次世界大戦の時、ナチスは永世中立国だったスイスの支配を企てる。しかしスイスが徹底抗戦の意志を示したため、山岳地帯での戦いは膨大な戦費がかかり、被害も甚大になると判断して、ナチスは侵攻を断念した
ナチスの侵攻
Case Study 1
8世紀以降、アラブ人がヨーロッパに進出。一時は現在のフランスまで到達するも、戦いに敗れたのちは、ピレネー山脈がキリスト教勢力とイスラーム教勢力の境界となった
スイス
アルプス山脈
ピレネー山脈
領土が山脈に囲まれていることが我々の最大の強みなのだ
地中海
アラブ人の進出
スイス

ワンポイント!

エアパワーは陸や海を凌駕できるか？

ランドパワーやシーパワーは、軍事面では「陸軍力」や「海軍力」という意味でも使われます。20世紀前半、航空技術の発展により、従来の二つのパワーに加えてエアパワー（空軍力）が登場しました。エアパワーの強みは、空の上を飛ぶので、敵地を攻撃する際に地形の制約を受けないことです。ただし滞空時間が限られているという制約があります。そのためエアパワーを有効に活用するには、陸上の場合は航空基地、海上の場合は空母を必要とします。つまりエアパワーは、ランドパワー（陸軍力）とシーパワー（海軍力）の力を借りて、初めてその能力を発揮することができます。

第一次世界大戦で戦闘機が出現して以降、戦い方や軍隊のあり方は大きく変化した。写真は第一次世界大戦のイタリア航空部隊。

地政学の基礎知識

「平原」に位置する国のつらく悲しい宿命とは？

【キーワード】平原（平野） ステップ（草原地帯）

何度も国土を蹂躙された ポーランドの悲劇

ユーラシア大陸の北西部には、ベルギーやオランダからロシアまで、北ヨーロッパ平野や東ヨーロッパ平原といった大平原が広がっています。またユーラシア大陸の中央部は、ウクライナから中国・北東部まで、ユーラシアステップという草原地帯となっています。この一帯には、人々の行く手を遮るような高い山脈はありません。

どこまでも平坦な大地が続くユーラシアステップ。

これは地政学的には何を意味しているかというと、**軍隊の移動が簡単であるために、とても攻めやすい場所であるということです。「海」や「山」とは対照的に、「平原」は防衛面では非常に不利**なのです。

13世紀、この一帯に広大な領土を有する大帝国が誕生しました。モンゴル帝国です。チンギス・ハンがモンゴル高原を統一して建国したのは1206年のこと。そのわずか30数年後にはヨーロッパ中央部にまで進出し、ドイツ・ポーランド連合軍を破っています。**モンゴル帝国がこれだけの短期間で領土を広げられたのは、ステップや平原を活用できたから**です。ちなみにモンゴル帝国は日本やインド侵攻も企てましたが、失敗に終わりました。「海」や「山」がその侵攻を阻んだからです。

ユーラシアのこの一帯は、これまで数々の戦争が繰り広げられ、各国の領土もめまぐるしく変わっていきました。わかりやすい例としてポーランドを挙げてみます。

ポーランドは、国土の半分以上を低平地が占めています。そのため隣国のロシアやドイツ（プロイセン）、オーストリアから標的にされやすく、18世紀後半には**この3国によって、何度も領土が分割されて縮小し、ついには消滅**してしまいました。その後、復活を遂げたものの、1939年にはヒトラー率いるドイツによってポーランド西部が占領され、東部は当時ドイツと手を結んでいたソ連によって占領されてしまいました。そして第二次世界大戦後は、ソ連の衛星国の役割を担わされました。

ポーランドがこれまで、島国・日本に住んでいる私たちから見れば想像もできないような過酷な歴史を歩んできたのは、大陸の平原に位置しているという地政学的な宿命であるといえます。

「平原」にある国は宿命的に攻め込まれやすく、つらい過去を持ちます
ポーランド

多くの民族や国家が行き交った「平原」

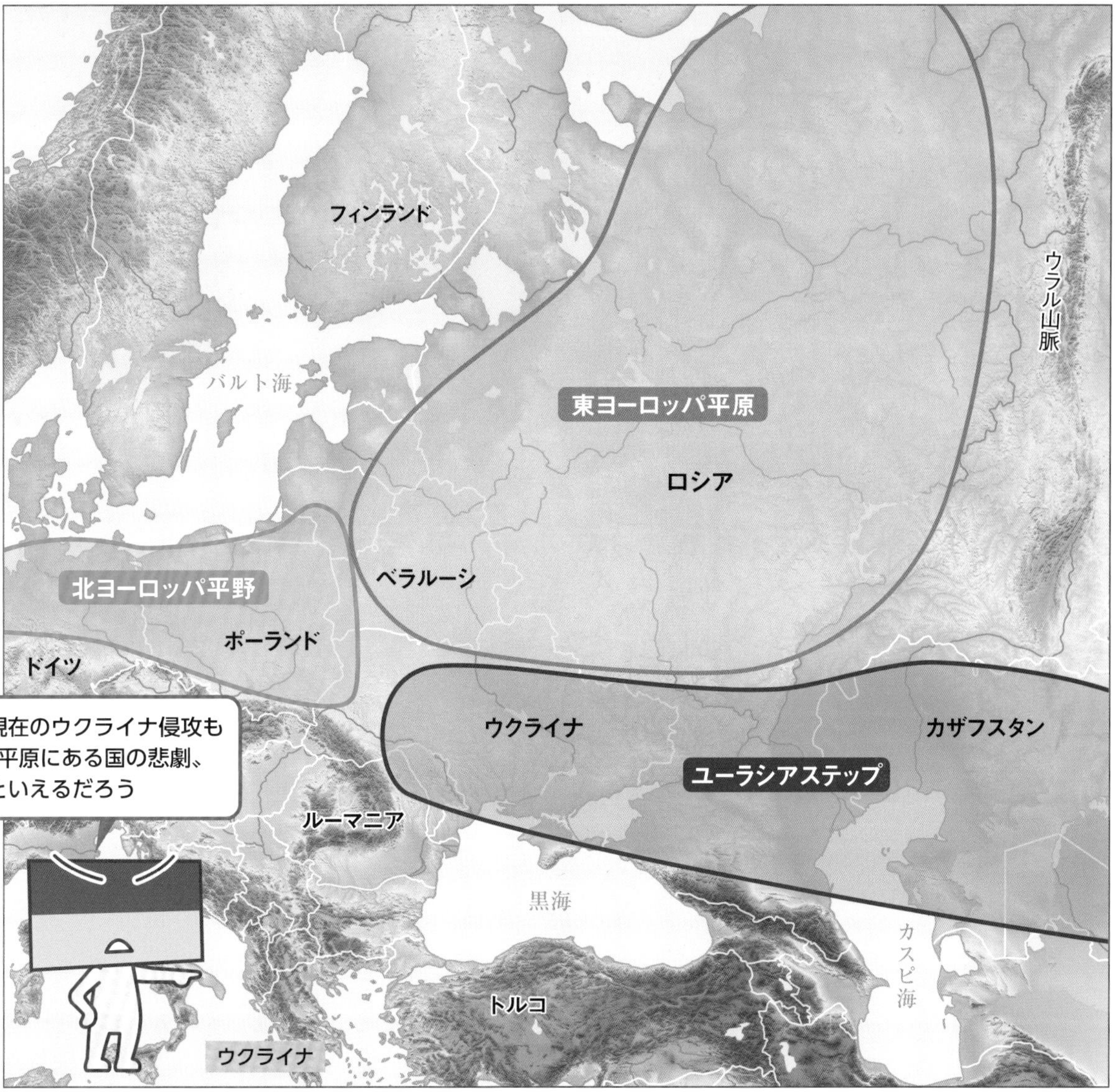
フィンランド
バルト海
東ヨーロッパ平原
ロシア
ウラル山脈
北ヨーロッパ平野
ベラルーシ
ポーランド
ドイツ
現在のウクライナ侵攻も〝平原にある国の悲劇〟といえるだろう
ウクライナ
カザフスタン
ユーラシアステップ
ルーマニア
黒海
カスピ海
トルコ
ウクライナ

ワンポイント！

ヨーロッパでは「川」にも要注目！

1992年、マイン川（ライン川の支流）とドナウ川をつなぐマイン・ドナウ運河が完成しました。ライン川は北西に位置する北海、ドナウ川はヨーロッパの南東に位置する黒海に注いでいますから、この二つの川がつながったことで、ヨーロッパの南北を船で縦断できることになりました。かつて河川交通は、内陸部において大量の物資を一気に運べる唯一の手段でしたが、日本では鉄道や道路網の整備とともにすっかり廃れてしまいました。しかしヨーロッパではまだまだ健在です。ヨーロッパの地理と物流、経済活動の関係などについて分析する時には、「川」にも注目する必要があります。

北海
オランダ
ドイツ
マイン・ドナウ運河
ライン川
マイン川
ドナウ川
フランス
オーストリア

マイン川とドナウ川を結ぶマイン・ドナウ運河。

地政学の基礎知識

隣の国どうしはなぜ仲が悪いのか？

［キーワード］ 隣国 国境問題

隣国同士のもめごとで特に多いのは国境問題

人類の歴史は、戦争の歴史といっても過言ではありません。戦争はどこの国同士で勃発することが多いかといえば、何といっても隣国同士です。過去に戦争、さらには占領をされた経験があれば、隣国に対する国民感情はどうしても悪くなるものです。ですから**隣国同士の仲が悪いケースが多いのは、ある意味当然のこと**といえます。

隣国同士のもめごとの中でも**特に多いのが「領土問題」、すなわち国境線の画定を巡る問題**です。国境には、山や川、海などの地形によって引かれた自然的国境と、緯度や経度、民族や言語、文化などによって引かれた人為的国境があります。このうち人為的国境の例としては、北緯38度付近で国を南北に分けた韓国と北朝鮮が挙げられます。元々民族は同じである両国が二つに分かれたのは、政治体制の違いに起因しています。互いに今も自国の体制の正しさを主張していますから、融和は容易ではありません。人為的国境はそれが人為的に画定されたものであるがゆえに、**力の行使によって再びそれを人為的に変更しようとする動きが働きやすく、国境を接する隣国同士は常に緊張状態に置かれがち**です。

朝鮮戦争の休戦協定が結ばれた板門店。北緯 38 度線近くに位置する。現在は韓国・アメリが軍と北朝鮮軍が共同管理をしている。

一方自然的国境の場合は、なぜそこが国境になっているかの納得感が得られやすいため、一般論でいえば、隣国同士のもめごとが起きるリスクは低いといえます。

ただしこれはあくまでも一般論。例えばドイツとフランスの国境はライン川を境とし、ライン川西岸に位置するアルザス・ロレーヌ地方も、今はフランス領となっています。しかしドイツ系住民が多いなど、歴史的にはドイツの影響下にありました。またこの地方の豊富な鉱物資源は、両国にとって非常に魅力的でした。そのため過去には、**フランスは自然的国境を主張して、ドイツは文化的国境を主張して、領有権争いが繰り広げられました。**「自然的国境＝両国とも納得する」わけではないのです。

国境問題では、**一方が得をすれば、一方は必ず損をします。損をした国は、得をした国への憎しみを募らせます。**隣国同士が仲良くするのは、様々な国際問題の中でもとりわけ解決困難な問題の一つです。

お隣の韓国や
中国とは
もう少し仲良く
したいのだけど…
日本

フランスとドイツが領有を争ったアルザス・ロレーヌ地方

オランダ
ドイツ
ベルギー
ライン川
ルクセンブルク
フランス
スイス
アルザス・ロレーヌ地方
これまでの争いを
乗り越えて
欧州統合を目指そう！
フランス
ドイツ

アルザス・ロレーヌ地方はフランスとドイツの間で帰属が揺れ動いてきたが、第二次世界大戦後は欧州評議会や欧州人権裁判所がこの地に置かれるなど、両国の友好や欧州の結束を象徴する地域になっている。

領有権の変遷

神聖ローマ帝国

↓ ハプスブルク家との領土交換

フランス

↓ 普仏戦争でプロイセンが勝利

プロイセン／ドイツ帝国

↓ 第一次世界大戦でドイツが敗北

フランス

↓ 第二次世界大戦でナチスが占領

ナチス・ドイツ

↓ 第二次世界大戦でドイツが敗北

フランス

ワンポイント！

日本と韓国は仲直りできるか？

隣国との関係が悪いことは、その国の為政者にとってマイナス要素ばかりではありません。韓国の歴代大統領は、支持率が低下するたびに「反日」を打ち出すことで、内政に対する国民の不満をそらせようとする傾向があります。つまり反日は、使えるカードなのです。また日本に対する政策も、厳しい態度で臨む革新政権と、関係改善を望む保守政権が入れ替わるたびに大きく変わり、一貫性がありません。そのため過去には、慰安婦問題解決に関する日韓合意が、韓国側の政権交代後に反故にされるということが起きました。こうした状況が続く限り、抜本的な関係改善は難しいでしょう。

2015 年、安倍首相と朴大統領の間で日韓合意が結ばれたが、その後韓国側が一方的に反故にし、問題は棚上げされたままである。

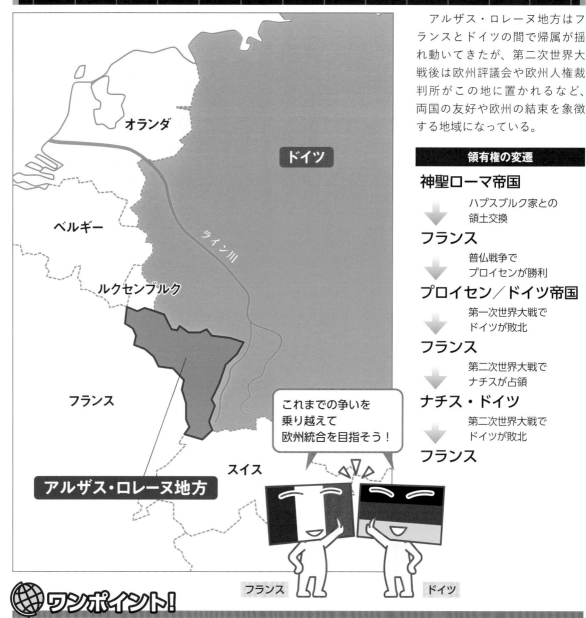

海に囲まれた日本の地政学的な特徴とは？

［キーワード］ シーパワー マージナルシー

中国やロシアにとって日本列島は邪魔な存在!?

日本は世界を代表するシーパワーの一つです。シーパワーの強みである「**海が防波堤になっているため、他国から攻められにくい**」という恩恵を日本も受けてきました。

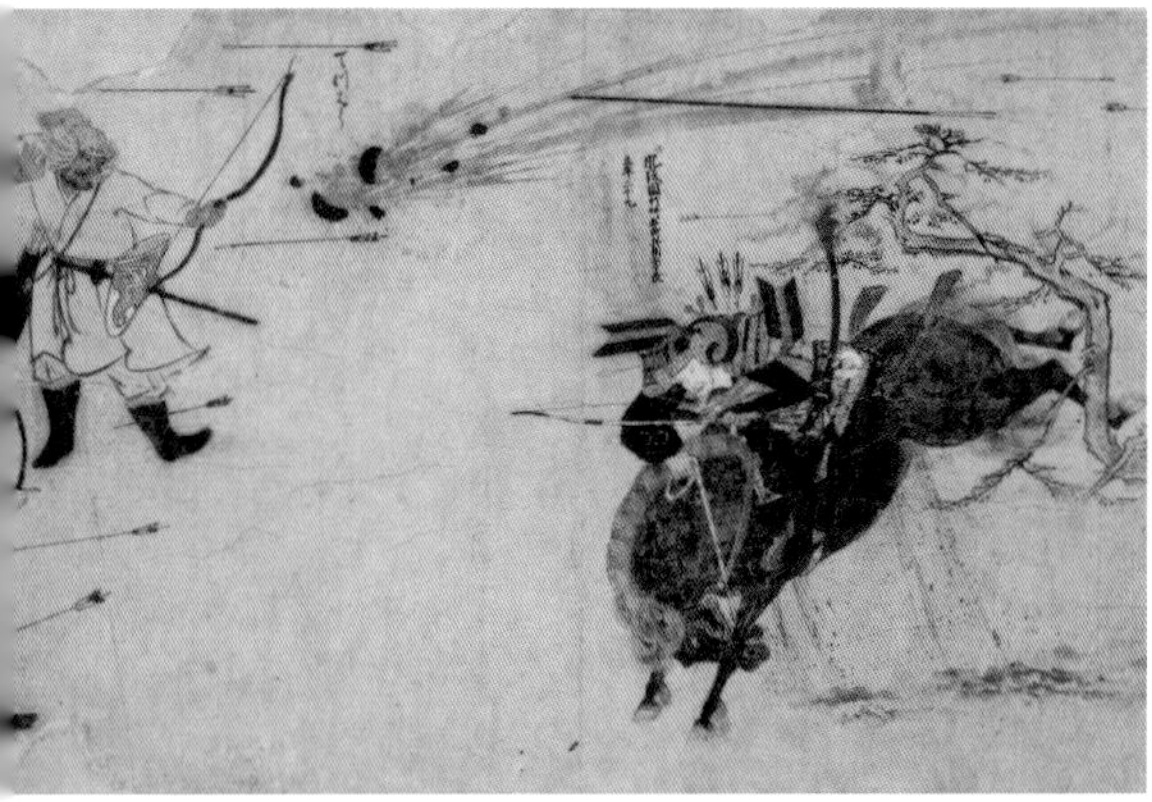

元軍と鎌倉武士との戦いを描いた「蒙古襲来絵詞」。日本史上で数少ない、国内における外敵との戦いとなった（宮内庁三の丸尚蔵館所蔵）。

日本の本土が他国の軍隊の脅威にさらされたのは、鎌倉時代の蒙古《もうこ》襲来と太平洋戦争のわずか二回のみ。もし日本が大陸の一部にあったなら、モンゴルの軍門に降っていたでしょうし、アメリカ軍とも沖縄だけでなく様々な場所で陸上戦を戦うことになったでしょう。

また**中国大陸との位置関係が絶妙な距離感にあることも、日本にとっては幸運**でした。距離的に遠すぎないがゆえに、古代の日本は中国の進んだ政治制度や文物を取り入れることができ、近すぎないがゆえに、中国の支配下に置かれることなく、独自の政治体制や文化を築くことができました。

日本のさらなる地政学的特徴としては、**オホーツク海や日本海、東シナ海という日本近海の海が、地政学的にマージナルシーにあたる**ことが挙げられます（↓P16）。シーパワーがランドパワーに対抗する場合、まずマージナルシーの制海権を握ることで、リムランドでの攻防を有利に進めることができます。一方ランドパワーは、リムランドを押さえたうえでマージナルシーに進出し、さらにその勢力を外へと拡大しようとします。つまり**日本は、シーパワーがランドパワーと対峙するうえで、非常に重要な場所に位置している**わけです。

ちなみに中国やロシアといったランドパワーから見れば、日本列島はものすごく邪魔な存在です。マージナルシーから外洋へと出たくても、ちょうど彼らの動きに蓋をするようなかたちで日本列島が横たわっているからです。

シーパワーの覇権国であるアメリカが、この日本の地理的特徴を見逃すはずがありません。アメリカ軍が多くの拠点を日本に設けて兵士を駐在させているのには、このようにランドパワー国家に対する防波堤として利用したいという明確な理由があるわけです。

海に囲まれた島国であることは日本のメリットになっているんだよね
日本

世界有数の広さを持つ日本の排他的経済水域

日本における地政学的特徴として、広大な排他的経済水域（EEZ）がある。排他的経済水域は領海から200海里（約370km）以内の範囲で設定することができ、他国からの干渉なく漁業活動や天然資源の探査・開発を可能とする。日本には離島が多数あることで、排他的経済水域は約447万㎢（領海を含む）と世界第6位の広さを持ち、鉱石など天然資源が眠っていることも確認されている。

宗谷海峡
択捉島
国後島
津軽海峡
対馬海峡
竹島
領海
排他的経済水域
八丈島
尖閣諸島
南西諸島
小笠原群島
与那国島
南硫黄島
沖大東島
沖ノ鳥島
南鳥島

マージナルシーに囲まれている日本

日本は海に囲まれているから他国から攻められにくいんだよね
日本

ロシア
マージナルシー
ハートランド
オホーツク海
日本海
日本
中国
東シナ海
リムランド
沖縄

日本近海はマージナルシーとして、ランドパワーとシーパワーが対峙する場所となっている。

日本に拠点を置いて中国やロシアの動きを見張っているぜ！
アメリカ

戦後の東アジア情勢はどう変化した？

【キーワード】社会主義　自由主義　権威主義

対立の図式は同じだが内実が変わった東アジア情勢

東アジアとは中国、モンゴル、北朝鮮、韓国、日本、台湾の5か国1地域のことをいいます。また東アジアに隣接するロシア（旧ソ連）や、太平洋の制海権を握っているアメリカも、この地域の情勢に強い影響を及ぼしてきました。

第二次世界大戦後、**東アジアで起きた最も大きな変化は、中国や北朝鮮が社会主義国家になったこと**です。一方、大戦中は敵同士だった日本とアメリカは、戦後は同じ自由主義国家として同盟関係を結びます。これにより東アジアでは、中国やソ連などのランドパワーは社会主義国家として、日本やアメリカなどのシーパワーは自由主義国家として、互いに火花を散らし合うという図式ができあがります。また地政学的にリムランドにあたる朝鮮半島では、北朝鮮と韓国が激しく対峙してきました。

この図式は1960年代に中国とソ連が仲違いをし、70年代には中国とアメリカが接近をしたことで崩れたこともありました。しかし冷戦終結後は、中ロは再び関係を修復。現在では**中国・ロシアなどの権威主義VS日本やアメリカなどの自由主義**というかたちで、対立が深まっています。

そういう意味で、東アジアにおける国家間の対立の図式そのものは、第二次世界大戦直後と変わっていないといえます。ただしその内実は、大きく変容しました。

何より大きいのは、**以前は貧困国であった中国が経済的にも軍事的にもアメリカに次ぐ世界第2位の実力を持つ国へと発展した**ことです。一方アメリカは、いまだに超大国の座は維持しているものの、国際的な存在感の低下は否めません。そのため少なくとも東アジアという限られた地域においては、**今後は中国がアメリカから完全に地域覇権を奪うことも起こり得ます。**

そこで問われているのが日本の姿勢です。冷戦期までの日本は「東アジア地域の安定のことは、強いアメリカにお任せ」にしてきましたが、アメリカが弱くなった今はそうはいきません。近年の日本が安保法案を改正して集団的自衛権を行使できるようにしたり、防衛費の増大を図ったりしているのには、そうした背景があります。

中国の最大都市・上海の夜景。中国は近年めざましい経済成長とともに軍事強化を図り、東アジアの地域覇権を握ろうとしている。

冷戦期における東アジアの情勢

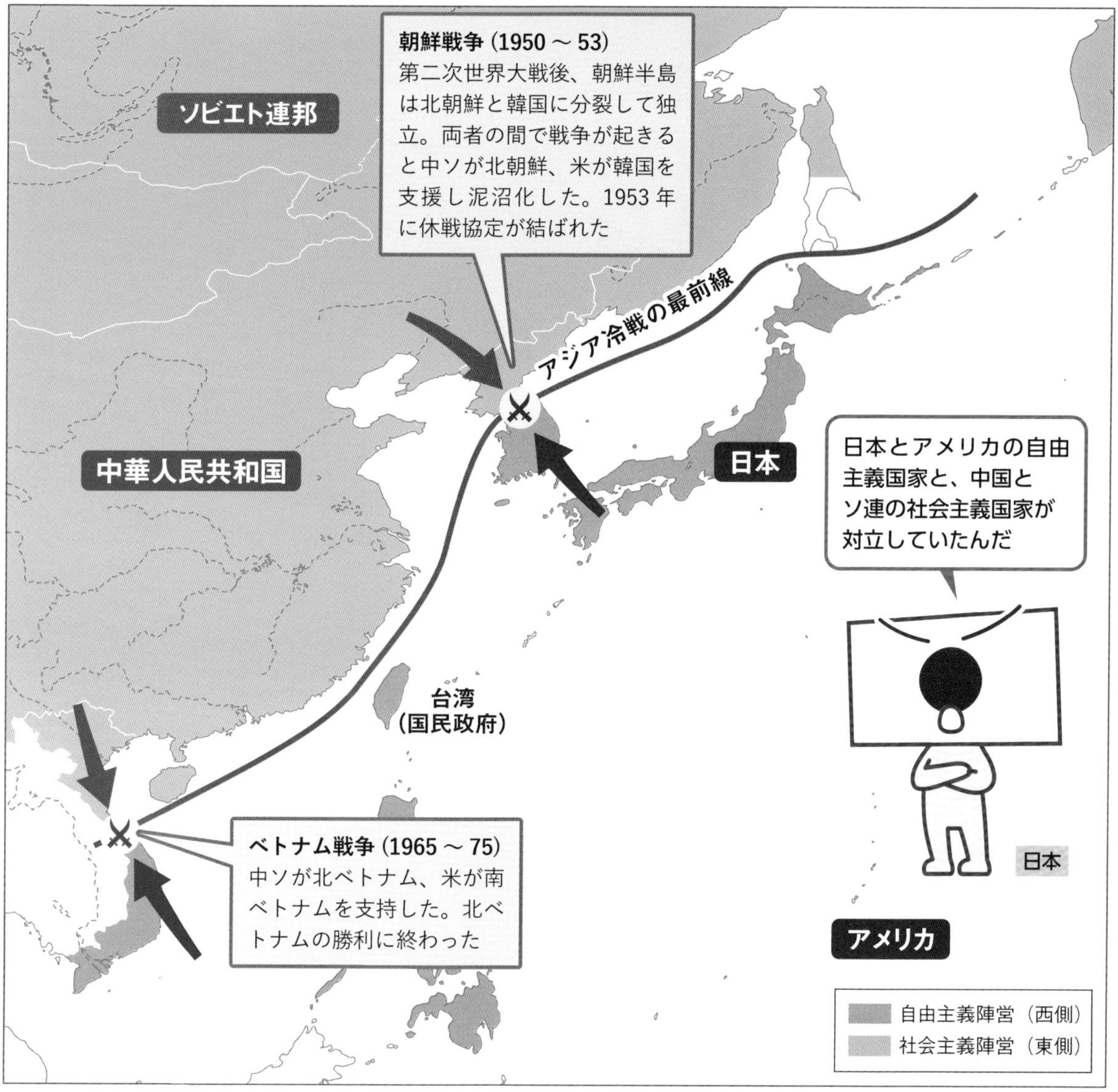
朝鮮戦争（1950～53）
第二次世界大戦後、朝鮮半島は北朝鮮と韓国に分裂して独立。両者の間で戦争が起きると中ソが北朝鮮、米が韓国を支援し泥沼化した。1953年に休戦協定が結ばれた
ソビエト連邦
アジア冷戦の最前線
中華人民共和国
日本
日本とアメリカの自由主義国家と、中国とソ連の社会主義国家が対立していたんだ
台湾
（国民政府）
ベトナム戦争（1965～75）
中ソが北ベトナム、米が南ベトナムを支持した。北ベトナムの勝利に終わった
日本
アメリカ
自由主義陣営（西側）
社会主義陣営（東側）

ワンポイント!

日本の経済発展は冷戦のおかげ？

第二次世界大戦後、日本を占領したアメリカは、日本が再び国際的な脅威とならないように、非軍事化や民主化などを推し進めていました。ところが1948年頃から、その占領方針に変化が表れます。朝鮮半島で社会主義国家の北朝鮮が建国。また国民党と共産党との間で内戦が繰り広げられていた中国でも、共産党の優勢が明らかになり、社会主義国家の誕生が濃厚となっていました。そこでアメリカは東西冷戦が激化する中で、日本を社会主義勢力拡大の防波堤にすることを決断。国力を回復させるために経済復興や早期独立の支援に力を注ぐことにしたのです。

さらに日本にとって追い風となったのが、1950年に勃発した朝鮮戦争でした。日本はアメリカ軍に物資を提供する補給基地となり、特需景気が起きます。これにより経済力を復活させる足がかりを得ました。戦後の日本が奇跡ともいわれる経済発展を遂げたのは、地政学的に恵まれていた面も大きいのです。

沖縄に数多くの米軍基地が置かれている理由とは？

【キーワード】日米同盟　安全保障　チョークポイント

中国の太平洋進出を沖縄の米軍基地が阻む

太平洋戦争末期、沖縄に上陸した米軍は、占領した場所を日本本土攻撃の拠点にするために、次々に基地にしていきました。そして太平洋戦争が終わり、さらには1972年に沖縄がアメリカから日本に返還されたあとも、基地は返還することはありませんでした。現在、**沖縄本島では面積の約15％を米軍施設が占めています。**

沖縄では過去には米軍兵士による暴行事件や、ヘリコプター墜落事故など、様々な事件や事故が起きました。沖縄県民にとって基地なき島の実現は、悲願とされています。しかし残念ながら現状では、その可能性はかなり低いといえます。

その理由は、アメリカにとって沖縄は、地政学上きわめて重要な場所だからです。今、東アジアで起こりうる最も大きな軍事的リスクといえば、何といっても**中国による台湾への軍事侵攻（台湾有事）です。**もし台湾有事が起きた時に、沖縄からであれば台北まで戦闘機だと30分、ヘリコプターだと2時間半、揚陸艦船だと17時間程度で現地に向かうことができます。日本本土やハワイやグアムにある米軍基地からでは、こうした迅速な対応は不可能です。**沖縄の米軍基地は、中国の海洋進出を阻む防波堤の役割も担っています。**中国海軍は、青島《チンタオ》や寧波《ニンポー》に艦隊基地を置いています。これらの基地から艦隊が東シナ海から太平洋へと抜ける際には、琉球諸島や台湾海峡を通る必要があります。つまり**中国にとってはチョークポイントにあたる場所**であり、ここを米軍が押さえておくことは、中国海軍に我がもの顔で太平洋を航行させないうえで、とても大切な意味を持つのです。

また**沖縄は、東アジアのみならず、東南アジアの安全保障においても、要となる場所です。**沖縄を中心に半径3000kmの円を描いてみると、東南アジアの主要都市のほとんどが範囲内に収まるからです。さらに沖縄を中心にICBM（大陸間弾道ミサイル）の射程距離である1万kmの円を描いてみると、オーストラリアや中東、ヨーロッパなど、**世界の主要エリアがほぼ範囲内に収まります。**これもアメリカが沖縄を手放そうとしない理由の一つです。

沖縄県宜野湾市にある在日米軍の軍用飛行場。周囲には市街地が密集している。

沖縄は東アジア安定のための最重要拠点なんだぜ！
アメリカ

東アジアの中心に位置する沖縄

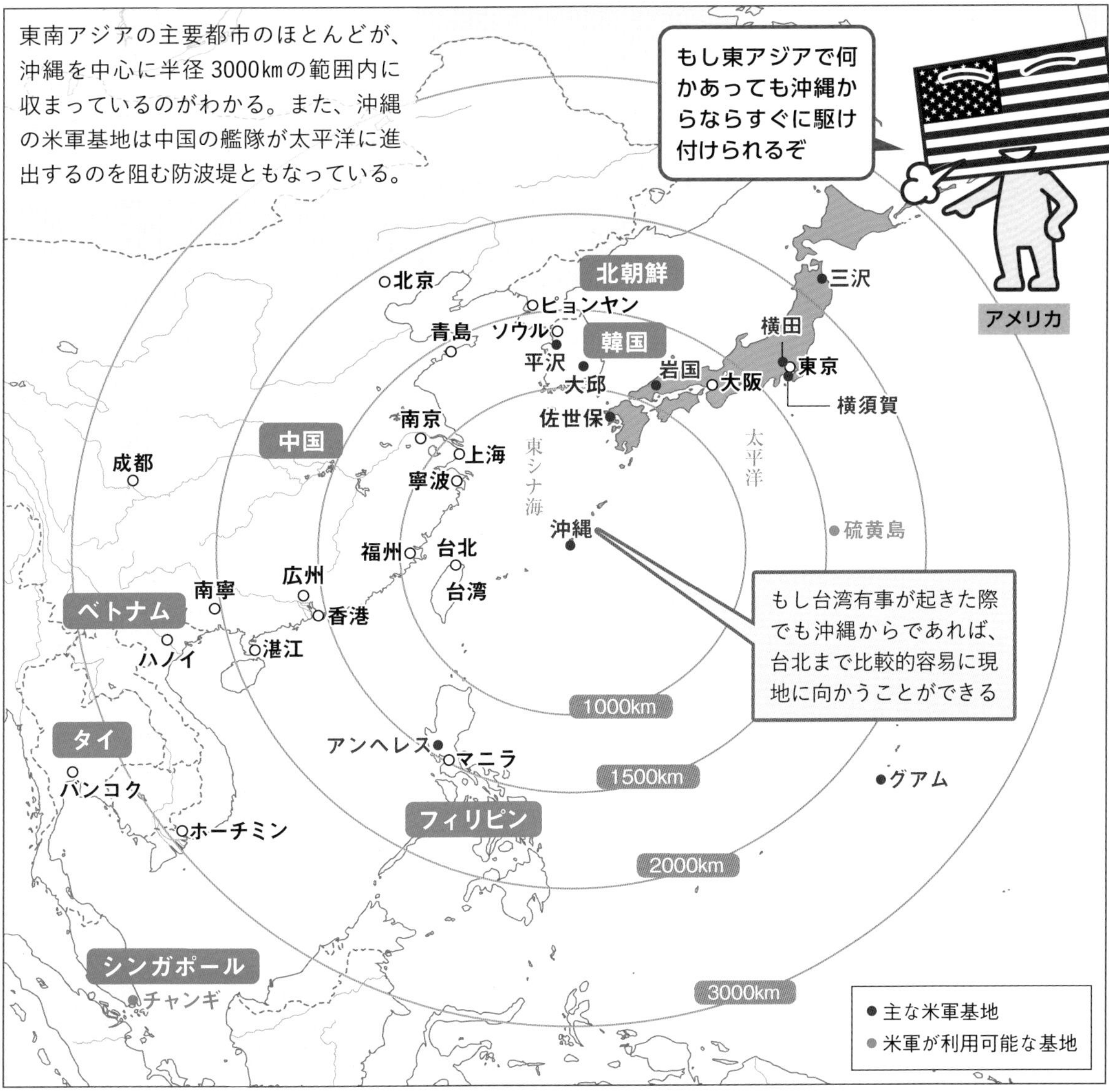
もし東アジアで何かあっても沖縄からならすぐに駆け付けられるぞ
アメリカ
北朝鮮
韓国
中国
ベトナム
タイ
フィリピン
シンガポール
北京
ピョンヤン
青島
ソウル
平沢
大邱
三沢
横田
東京
横須賀
岩国
大阪
佐世保
南京
上海
寧波
成都
東シナ海
太平洋
沖縄
硫黄島
福州
台北
台湾
広州
南寧
香港
ハノイ
湛江
アンヘレス
マニラ
グアム
バンコク
ホーチミン
チャンギ
1000km
1500km
2000km
3000km
もし台湾有事が起きた際でも沖縄からであれば、台北まで比較的容易に現地に向かうことができる
● 主な米軍基地
● 米軍が利用可能な基地
東南アジアの主要都市のほとんどが、沖縄を中心に半径3000kmの範囲内に収まっているのがわかる。また、沖縄の米軍基地は中国の艦隊が太平洋に進出するのを阻む防波堤ともなっている。

ワンポイント!

横須賀海軍施設の重要性とは!?

在日米軍基地があるのは、沖縄だけではありません。神奈川県横須賀市にある横須賀海軍施設は、空母ロナルド・レーガンなどを擁する第7艦隊の基地となっています。横須賀は地理的に西太平洋ににらみを利かせられる場所に位置しており、第7艦隊が担当しているのも西太平洋やインド洋一帯です。つまり中国の海洋進出を阻むうえで、横須賀海軍施設及び第7艦隊の役割は近年ますます重要になっているわけです。横須賀海軍施設には、常に艦船が万全の状態で航行ができるようにするために、世界最大級のメンテナンス用のドックが備えられています。

米軍と海上自衛隊の船舶が停泊している横須賀本港の様子。

ロシアが北方領土を返してくれないのはなぜか？

【キーワード】北方四島返還問題　チョークポイント

ロシアにとって北方四島は軍事上確保すべきエリア

北方領土とはオホーツク海沖にある択捉《えとろふ》島、国後《くなしり》島、歯舞《はぼまい》群島、色丹《しこたん》島のことをいいます。この北方四島は1854（55）年に日本とロシアが初めて国境を定めて以来、ずっと日本の領土でした。

ところが第二次世界大戦末期の1945年8月に日本に宣戦布告したソ連は、日本が無条件降伏を受諾（ポツダム宣言）した8月15日以降になって北方四島を占領し、その後実効支配を続けました。51年に締結されたサンフランシスコ平和条約では、日本は千島《ちしま》列島を放棄することが盛り込まれましたが、**「北方四島は千島列島に含まれない」というのが日本の立場**です。そもそも条約では、日本が放棄した千島列島をどの国が領有するかについては明記されていませんでした。一方のロシアは、「北方四島は戦争の勝利によって得た正当な領土である」という態度を崩しておらず、これまで何度も行われた返還を巡る交渉は、いずれも不首尾に終わりました。

ロシアが返還に応じない理由は、地政学的な理由が絡んでいます。択捉島と国後島の間にある国後水道は、冬でも海が凍結せず、**ロシアにとってオホーツク海から太平洋へと抜ける際のチョークポイント**です。今後北極海ルート（→P94）が開発されれば、その重要性はさらに高まるでしょう。

またオホーツク海には、**原子力潜水艦が敵から探知されずに活動しやすい深海**が広がっています。ですからロシアとしては、オホーツク海の制海権は、是が非でも維持しておく必要があります。

一方、北方四島が日本に返還されれば、ロシアは国後水道というチョークポイントを失うとともに、もしアメリカが日米同盟にもとづいてここに軍事施設を設けた場合、とてつもない脅威にさらされることになります。逆に現在ロシアは**カムチャツカ半島から千島列島、北方四島まで防衛線に定め、ミサイル配備**などを進めています。

こうした状況に加え、ロシアによるウクライナ侵攻に対して、日本は欧米諸国とともにロシア制裁に踏み出したことからロシアは態度を硬化。北方領土問題の解決は、ますます困難になっています。

日ソ共同宣言の批准書を交換する重光葵外相（右）とフェドレンコ・ソ連外務次官（1956年12月）。平和条約締結後に歯舞群島・色丹島を日本に引き渡すことが決まったものの、ロシアが態度を硬化し現在も条約締結に至っていない。

北方四島返還は日本の悲願なのだ！
日本

ロシアが北方領土を手放さない理由

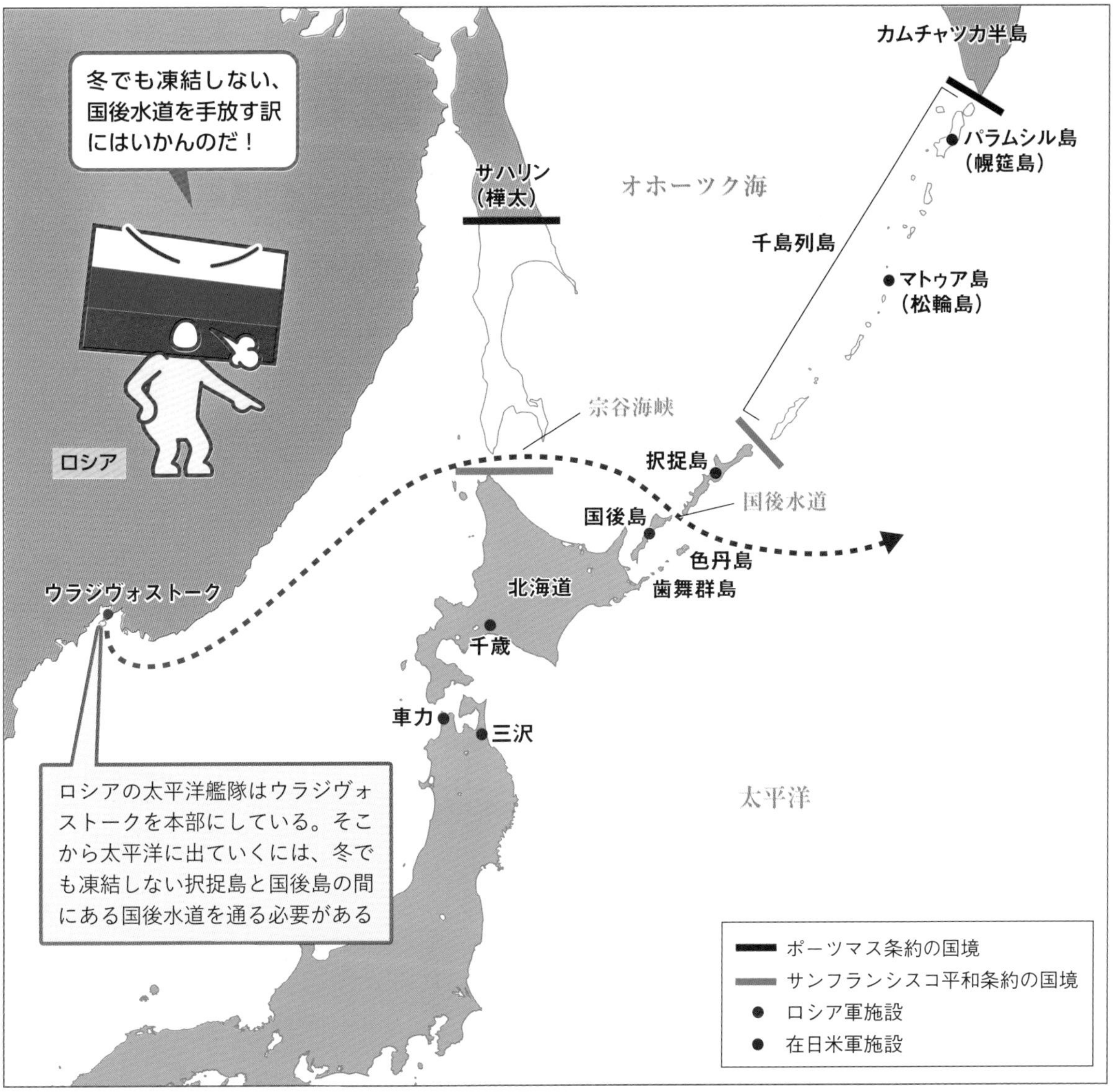

冬でも凍結しない、
国後水道を手放す訳
にはいかんのだ！
カムチャツカ半島
パラムシル島
（幌筵島）
サハリン
（樺太）
オホーツク海
千島列島
マトゥア島
（松輪島）
宗谷海峡
ロシア
択捉島
国後水道
国後島
色丹島
歯舞群島
北海道
ウラジヴォストーク
千歳
車力
三沢
太平洋
ロシアの太平洋艦隊はウラジヴォストークを本部にしている。そこから太平洋に出ていくには、冬でも凍結しない択捉島と国後島の間にある国後水道を通る必要がある
ポーツマス条約の国境
サンフランシスコ平和条約の国境
ロシア軍施設
在日米軍施設

サンフランシスコ平和条約後（1951年）

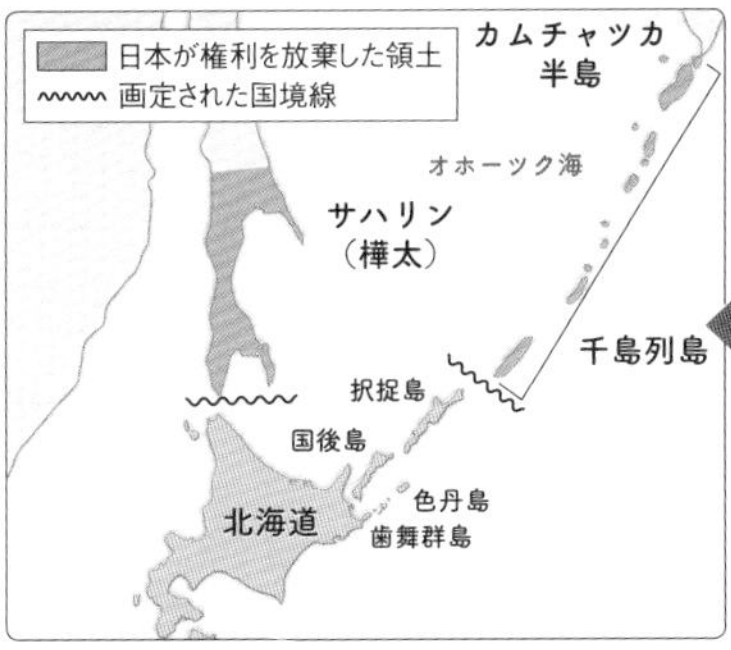

日本が権利を放棄した領土
画定された国境線
カムチャツカ
半島
オホーツク海
サハリン
（樺太）
千島列島
択捉島
国後島
色丹島
北海道
歯舞群島

日本は第二次世界大戦に敗北し、南樺太と千島列島を放棄することに。

ポーツマス条約後（1905年）

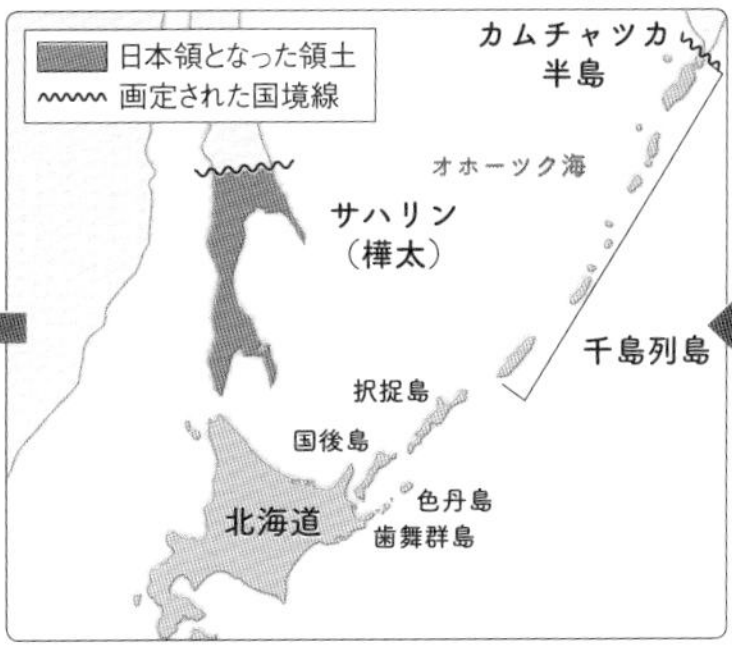

日本領となった領土
画定された国境線
カムチャツカ
半島
オホーツク海
サハリン
（樺太）
千島列島
択捉島
国後島
色丹島
北海道
歯舞群島

日露戦争で勝利したことで、日本はロシアから南樺太を譲り受ける。

樺太・千島交換条約後（1875年）

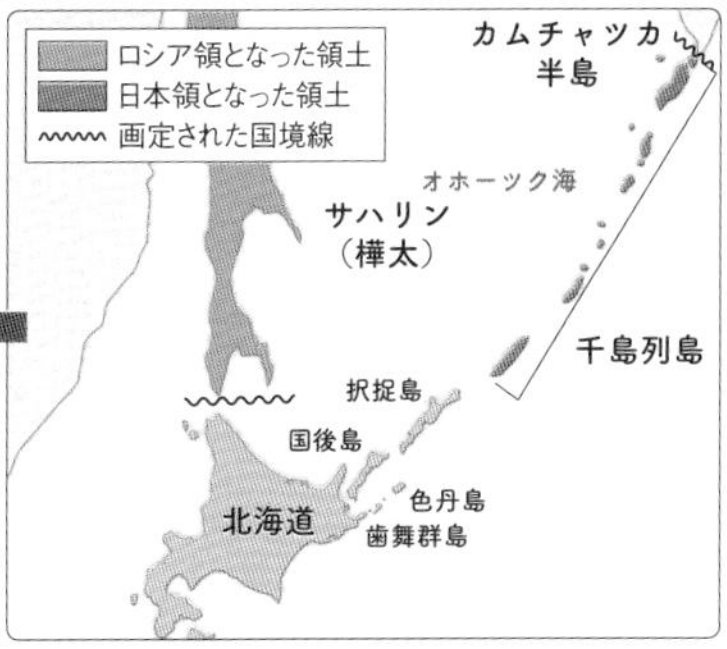

ロシア領となった領土
日本領となった領土
画定された国境線
カムチャツカ
半島
オホーツク海
サハリン
（樺太）
千島列島
択捉島
国後島
色丹島
北海道
歯舞群島

日本はロシアに樺太を渡し、代わりにロシアから千島列島を譲り受ける。

日本と東アジアの地政学

中国・韓国との仁義なき領土争いとは？

［キーワード］ 領有権 地下資源

日中間での軍事衝突のリスクも高まる尖閣諸島

日本が抱えている領土争いは、北方領土だけではありません。中国との間では尖閣《せんかく》諸島、韓国との間では竹島《たけしま》の領有を巡って対立が続いています。

このうち尖閣諸島は、沖縄本島と台湾の間に位置する魚釣島や大正島などからなる諸島です。日本が尖閣諸島を支配している国がないことを確認したうえで、沖縄県に編入したのは明治時代のことでした。

ところが１９６０年代後半、**尖閣諸島の海底に石油や天然ガスなどの地下資源が豊富に埋蔵されている**ことがわかると、突然中国は領有権を主張し始めました。「尖閣諸島の一つである魚釣島を発見し、命名したのは中国のほうが先であり、長年にわたって管轄してきた。それを日本が奪ったのだ」というのが中国の言い分です。そして**尖閣諸島を実効支配するために、近年では中国の公船が公然と領海侵入を繰り返す**ようになっています。

日本と韓国が領有権を主張する竹島。韓国・北朝鮮では「独島（ドクト）」と呼ばれる。

中国が尖閣諸島の領有にこだわるのは、一つにはこの海域の豊富な地下資源が狙いです。もう一つの狙いは、東シナ海から太平洋に抜けるルートの確保です。現状では鹿児島沖から台湾まで連なる南西諸島が、中国の海洋進出を阻む壁となっています。**中国は尖閣諸島の領有を足がかりに、この壁をこじ開けたいと考えている**のです。

一方、竹島は、島根県の隠岐諸島と韓国の鬱陵島との間に位置する小さな島です。日本は遅くとも17世紀半ばには竹島の領有権を確立。漁場として利用していました。そして１９０５年には正式に日本の領土となり、敗戦後の日本の領土が画定された**サンフランシスコ平和条約でも、竹島は日本が放棄すべき領土の対象外**になりました。

ところが韓国は１９５２年、大統領の李《イ》承晩《スンマン》が「李承晩ライン」と呼ばれる境界線を一方的に引き、竹島は自領であるとしました。「朝鮮の古い文献にも、竹島は朝鮮領であると書かれている。だから我が国固有の領土だ」等の主張を韓国はしています。**韓国にとって竹島海域は、豊富な地下資源や漁場が広がっていることが魅力**です。何より韓国の反日ナショナリズムをかきたてる象徴的な場として機能しています。

豊富な地下資源などを理由に、中国・韓国との間で領土争いが続いているんだ
日本

尖閣諸島・竹島をめぐる周辺地図

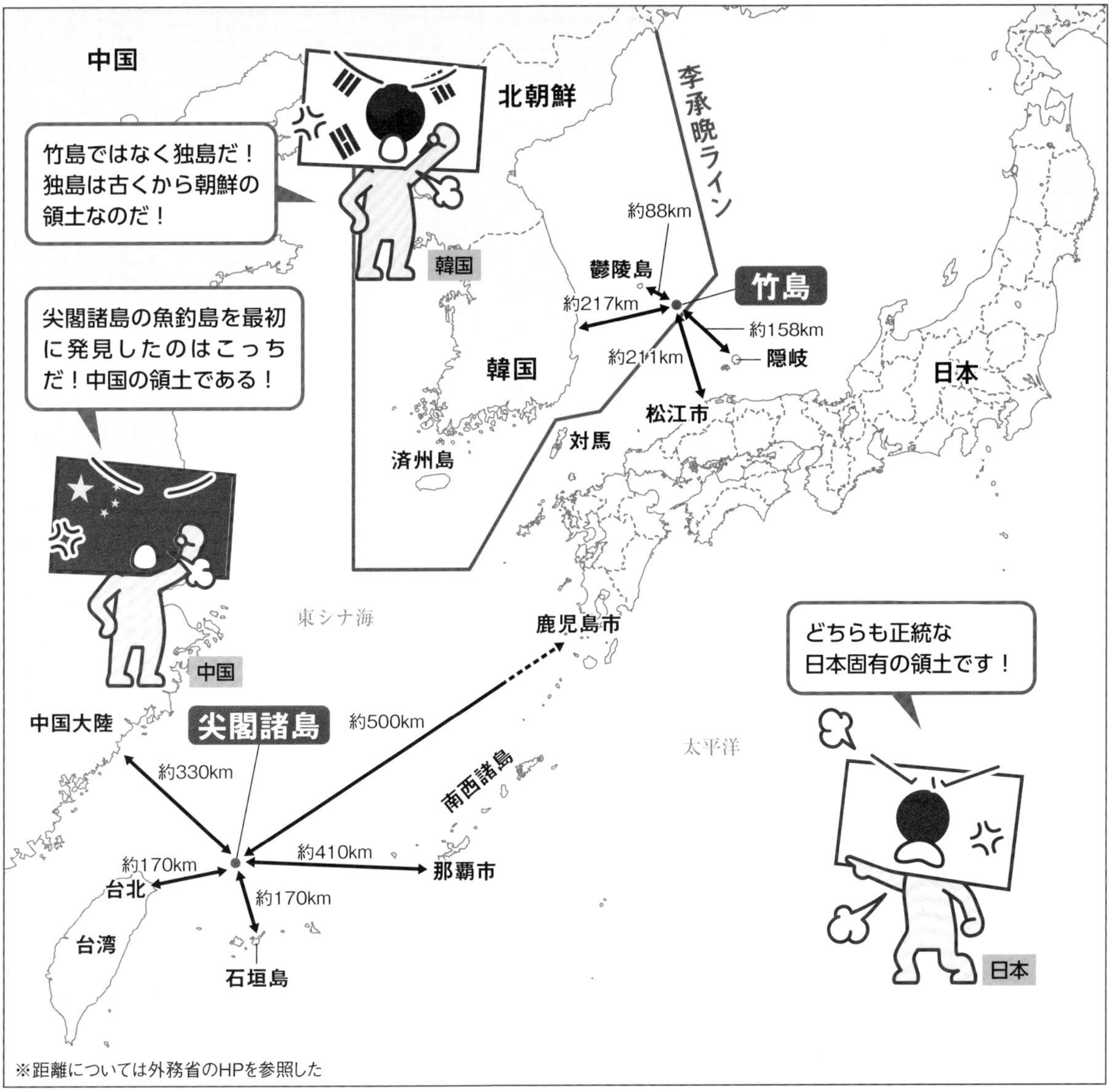

※距離については外務省のHPを参照した

ワンポイント！

日本がどうしても死守したい沖ノ鳥島

沖ノ鳥島《おきのとり》は、東京都小笠原村に属する日本最南端の島です。とても小さな島で、満潮時になるとわずかばかりの土地が海面上に顔を覗かせるだけになります。もし今後浸食が進んで完全に水没してしまうと、島としては認められなくなるため、国は護岸工事を行うことで必死に島を守っています。島がなくなると、島の周りの約40万㎢の排他的経済水域まで一緒に失ってしまうからです。ちなみにこの海域には、レアメタルなどの地下資源が埋蔵されている可能性が指摘されています。小さな島ですが、沖ノ鳥島の消滅が日本に与える影響は無視できない大きさなのです。

港湾工事が行われている沖ノ鳥島の様子(2013年)。満潮時には北小島と東小島の二島のみしか海面上に姿を現さなくなる。

中国ってなぜあんなにいつも偉そうなの？

【キーワード】中華思想　華夷秩序　冊封体制

中国を取り巻く地理が中華思想を生み出した!?

中国では古代から、中華思想という世界観が根づいていました。これは「中国こそが世界の中心であり、自国以外の周辺国は、野蛮人たちが暮らす非文明国である」とする考え方です。天子（中国皇帝）の徳が及ばない地域は化外の地であるとして、朝鮮や日本など中国の東の国々は東夷《とうい》、西（中央アジア）は西戎《せいじゅう》、南（東南アジア、ヨーロッパ）は南蛮《なんばん》、北（匈奴などの北方異民族）は北狄《ほくてき》と呼んでいました。

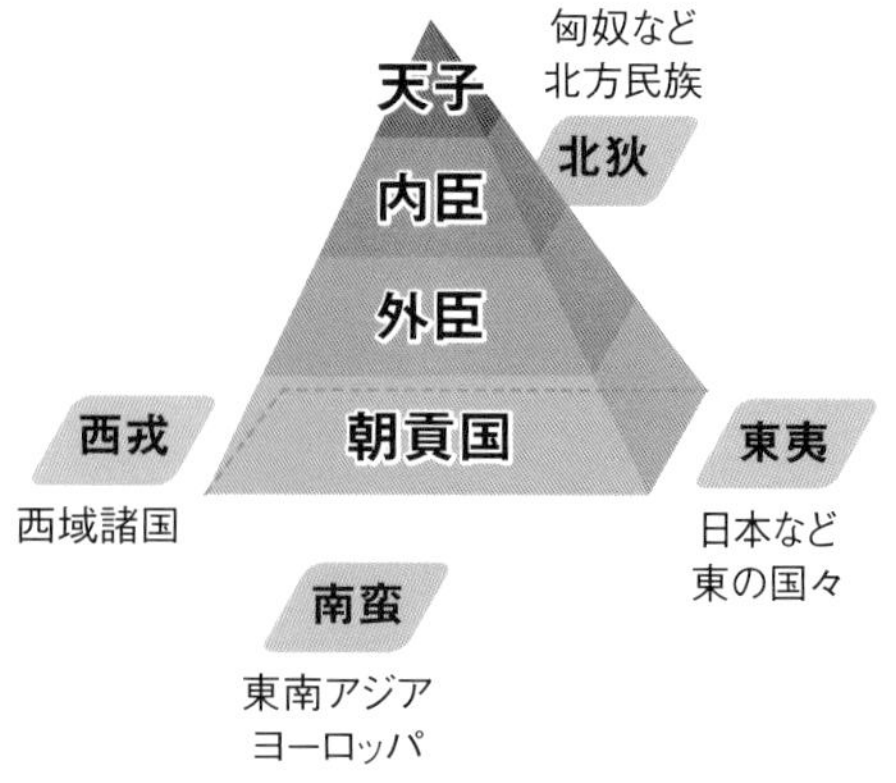
天子
内臣
外臣
朝貢国
匈奴など
北方民族
北狄
西戎
西域諸国
東夷
日本など
東の国々
南蛮
東南アジア
ヨーロッパ

中国皇帝は「天子」として最上位の地位とされ、周辺国は天子の徳が及ばない野蛮な民族とされた。

ただし化外の地についても、その地を治める者が、朝貢といって天子に対して従属の意を示して貢ぎ物を捧げれば、天子はその者に対して王や侯の爵位を与え、**中国の秩序（華夷《かい》秩序）の中に組み込みました。**これを冊封《さくほう》体制といいます。冊封体制は前漢の時代（前3〜1世紀）から始まり、清の時代（17〜20世紀）まで続きました。

中国で中華思想のような自民族中心主義的な思想が育まれていった理由としては、古代から19世紀半ばまで東アジアにおいて中国が政治・経済・文化のあらゆる面で他地域を圧倒していたからだと考えられます。**他地域の人々も、自分たちが中国よりも遅れていることを認めていたからこそ、華夷秩序が成立**していました。

また地理的な要因も大きいと考えられます。黄河と長江という二つの大河が流れ、平原が広がる中国では、古くから農業が発達しました。一方、中国の北や西には、農耕には適さない草原や砂漠が広がり、人々は遊牧生活を送っていました。こうした地理が、**「世界の中心に住む自分たち」と「化外の地に住む者たち」という世界観の形成**に少なからず影響を及ぼしたはずです。

19世紀半ば以降、中国は列強の餌食となり土地を分割され、また利権を奪われるなどして、半植民地状態となります。第二次世界大戦後も、大国ではあるが貧困国であるという状態が続きました。**中華思想にもとづいた彼らのプライドは、おおいに傷ついたこと**でしょう。今、中国が国際ルールを無視してでもがむしゃらに勢力の拡大を図ろうとしているのは、失いかけたプライドを取り戻したいという思いが、原動力になっているのかもしれません。

古代から世界の中心は中国なのである！
中国

王朝によって領土はこんなに違う！

我が国は古来よりどんどん拡大していったのだ！
モンゴル人により建国された元。モンゴル帝国は世界史上最大の大帝国
中国
元の範囲④
現在の中国の国境⑤
唐の範囲③
殷の範囲①
秦の範囲②
日本
中国初の統一王朝である秦。この時代の領土が中国にとっての領土の基盤となっていった

中国歴代王朝の領土の変遷。中国は王朝の変化と共にその領土も拡大させていき、強力なランドパワーを得ていった。図内の丸数字は王朝・国家の順番を示す。

唐代における冊封・朝貢体制

冊封体制とは、中国王朝が冊封される諸国に王や侯の爵位を与えて君臣関係を結び、華夷秩序に組み込むことである。中国王朝と冊封国との貿易は、冊封国が王朝に貢ぎ物を捧げ、それに対して王朝が返礼品を下賜するというかたちで行われた。

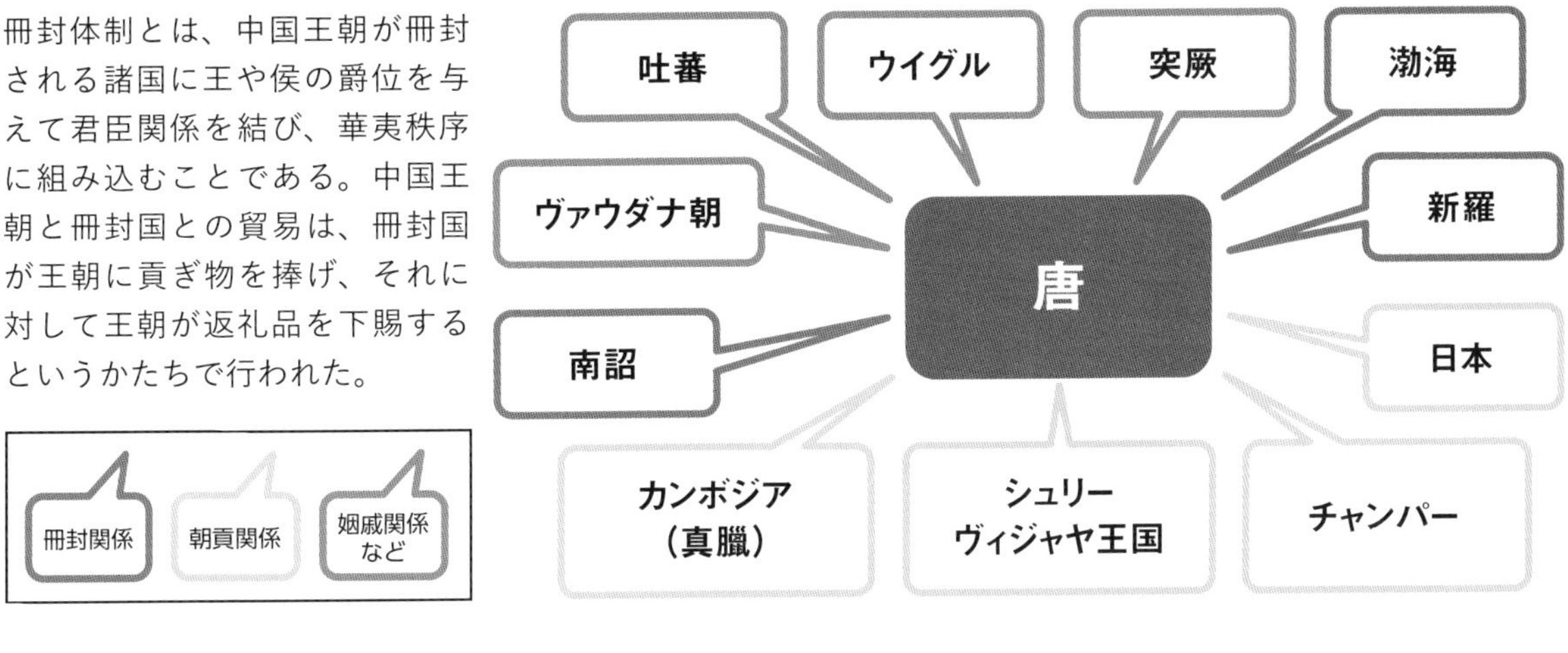
冊封関係
朝貢関係
姻戚関係など
唐
吐蕃
ウイグル
突厥
渤海
ヴァウダナ朝
新羅
南詔
日本
カンボジア（真臘）
シュリーヴィジャヤ王国
チャンパー

中国はランドパワーの国？それともシーパワーの国？

［キーワード］北方騎馬民族　少数民族

陸の不安がなくなり海を目指せるようになった中国

地政学では、中国はランドパワーとみなされてきました。しかし近年は海洋進出を積極的に推し進めており、いわば**ランドパワーでありながら、シーパワーも志向する**ようになっています。

中国は、約1万4500㎞にも及ぶ海岸線を有していますから、その気になればこれまでも海にアクセスできる地理的環境にあったはずです。それがつい最近までランドパワーに留まっていたのは、海に目を向ける余裕がなかったからです。

春秋戦国時代の末頃から中国を脅かしていた北方騎馬民族である匈奴の像。

歴史的に中国は、絶えず北方からの異民族の侵入にさらされてきました。実際に遼《りょう》、金、元、清など、異民族によって中国が征服され、打ち立てられた王朝もあります。また清朝の時代には、冬でも凍らない港を求めて南下《なんか》政策を行うロシアの存在が脅威となりました。第二次世界大戦後、ロシア（ソ連）とは同じ社会主義国として良好な関係を築いた時期もありましたが、1950年代末より対立が深刻化。関係が改善されたのは80年代末のことでした。

けれども今は、ロシアとはパートナー関係にあります。またインドを除けば、陸続きの周辺国との国境問題もほぼ解決しました。こうして**内陸部の不安要因が少なくなったからこそ、中国はシーパワーの充実に力を注げる**わけです。

ただし内陸部は決して万全ではありません。中国は漢民族と55の少数民族から構成される多民族国家です。少数民族の中でも、ウイグル族やチベット族といった有力民族には**「漢民族が支配する中国から独立したい」という志向**が強くあります。これに対して政府は独立運動を徹底的に弾圧し、思想教育などによって、少数民族の同化を図ろうとしています。少数民族の独立を一つでも許すと、他民族も独立を目指すようになり、中国という統一国家が内部崩壊してしまうことを恐れているのです。

しかしこうした強引な国家統制には、当然コストがかかります。事実、中国の治安維持費は国防費を上回っています。中国は今、**国内のリスクを抑えながら、海への進出を図っていく**というかなり無理のあることを行おうとしています。

今後はどんどん海洋進出を目指していくつもりであるぞ！
中国

中国にとって邪魔な位置にある日本

中国の太平洋進出を阻んでいるのは日本の地形だ。地図をひっくり返すと南西諸島を中心に日本列島と台湾が中国に覆いかぶさっており、中国の太平洋進出の壁になっているのがわかる。

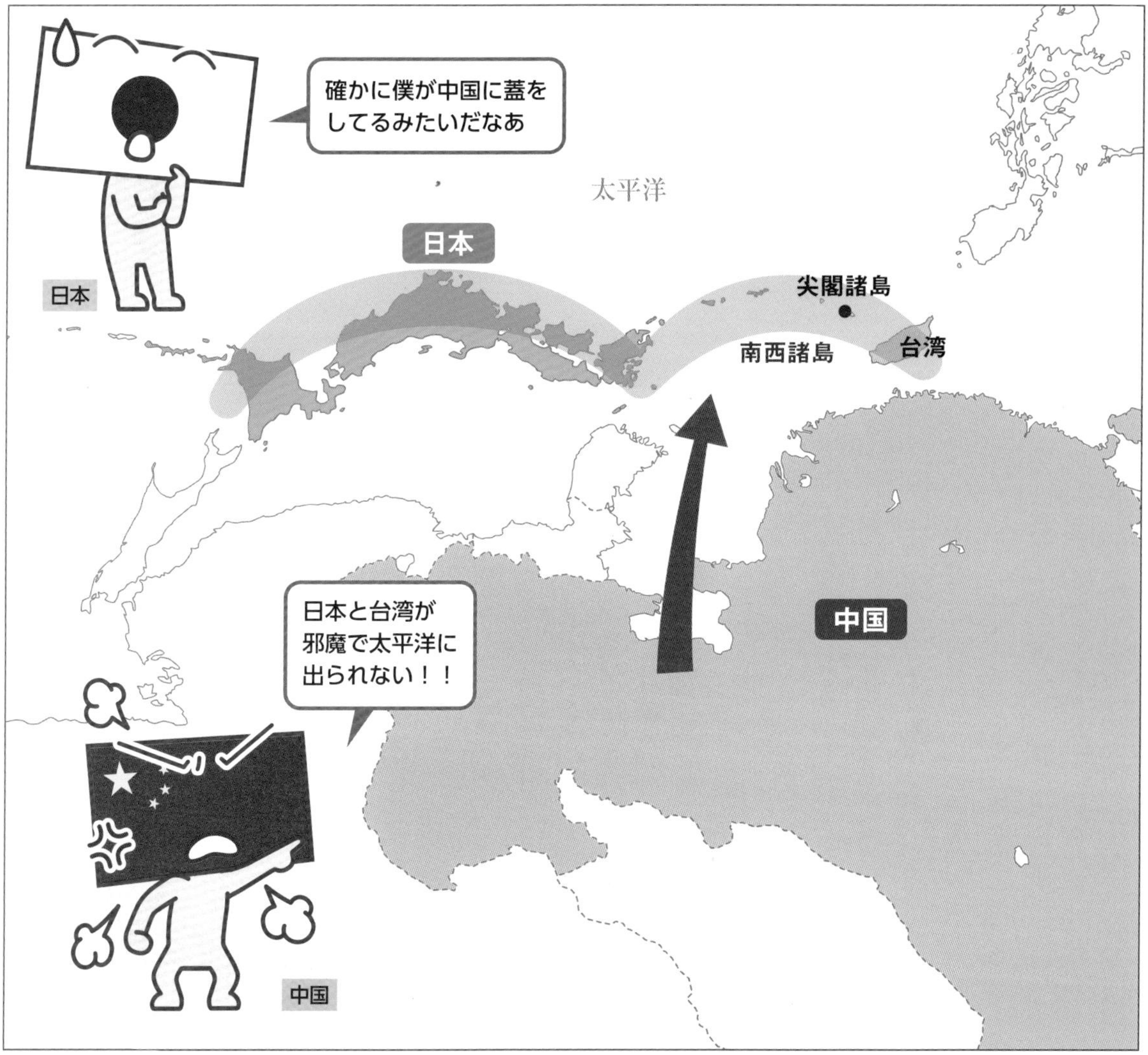

ワンポイント！

歴史に振り回される香港の過去と現在

香港は、1842年にアヘン戦争での清の敗北を受けて、イギリスの植民地となりました。イギリスが香港を選んだのは、水深の深い香港の港が大型船の出入港に最適だったからです。さらにイギリスは1899年に、香港周辺の土地を99年間の約束で中国から租借しました。そして租借期間が切れる1997年、植民地も含めて中国に返還しました。返還にあたって中英は「香港では今後50年間は資本主義を維持し、高度な自治を認める」という協定を交わしました。しかし中国は近年、香港国家安全維持法を成立させるなどして香港から自治を奪い、中国の管理下に置く動きを強めています。

超高層ビル群が並ぶ香港の夜景。香港は深刻な土地不足により人口密度が非常に高く、高層建築が主流。

中国が「一つの中国」を掲げ台湾を欲しがるのはなぜか？

［キーワード］台湾海峡問題　一つの中国

「一つの中国」実現のためなら軍事行動も辞さない中国

第二次世界大戦後、中国では国民党と共産党の間で内戦が勃発（第二次国共内戦）。共産党が勝利を収め、**敗れた国民党は台湾に逃れ、ここで政権を築きました**。中国と台湾で政治体制が違うのはそのためです。1971年以来、国際的には北京を首都とする中華人民共和国が中国全体を代表しているとみなされ、**台湾のほうは「国」ではなく「地域」という扱いを受けています**。

中国共産党第20回党大会（2022年）において異例となる3期目の総書記に選出された習近平。彼への権力集中が進んでいる。

しかし中国は「一つの中国」を目指しており、台湾という「地域」が存在していることが気に入りません。習近平国家主席は2022年10月に開催された共産党大会での演説の中で、「我々は最大の誠意や努力を尽くして平和的な統一を実現しようとしているが、決して武力行使を放棄はしない」と述べました。「場合によっては、力尽くでも台湾を自分たちのものにしてやるぞ」という意思表示をしたわけです。

海洋進出を進める中国は、**東シナ海や南シナ海、西太平洋地域に、第一列島線、第二列島線という防衛線**を設け、順次制海権を獲得していくことを目指しています。これを実現すれば、この地域で中国が軍事行動を起こしたとしても、アメリカは容易には西太平洋地域には近づけなくなります。東シナ海や南シナ海、西太平洋を「中国の海」にできるわけです。

ところがあろうことか**台湾は、中国が設定した第一列島線より内側に存在**しています。しかも中国と台湾本島の距離は200km弱。かつて米軍のアジア太平洋地域司令官だったマッカーサーは、台湾のことを「不沈空母に匹敵する」と形容しましたが、まさに中国にとって台湾は、目と鼻の先に敵方の大型空母が待ち構えているような位置関係になっています。この空母を是が非でも無力化しなければ、未来は開けていかないというのが中国の考え方です。

一方台湾は、以前は独裁政治が行われていましたが、**1980年代後半以降は民主化が進み、民主主義が根づいています**。香港から自治を次々と奪っている中国の振る舞いを見れば、中国が主張する「一つの中国」を台湾が受け入れるはずがありません。中国と台湾の緊張状態は、かつてなかったほどに高まっています。

「第一列島線」の内側に位置している台湾

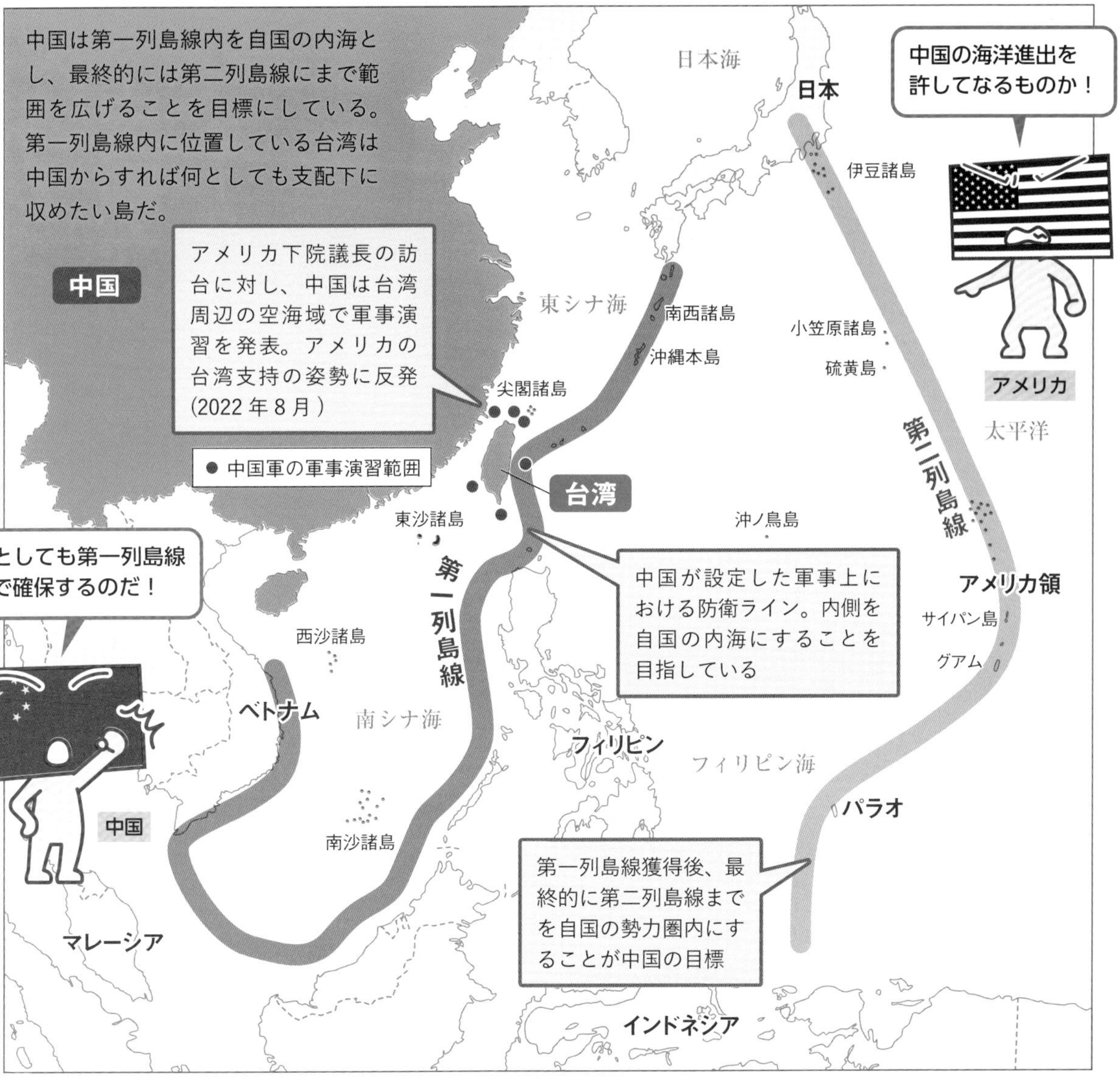
中国は第一列島線内を自国の内海とし、最終的には第二列島線にまで範囲を広げることを目標にしている。第一列島線内に位置している台湾は中国からすれば何としても支配下に収めたい島だ。
中国
アメリカ下院議長の訪台に対し、中国は台湾周辺の空海域で軍事演習を発表。アメリカの台湾支持の姿勢に反発(2022年8月)
● 中国軍の軍事演習範囲
日本海
日本
中国の海洋進出を許してなるものか！
伊豆諸島
東シナ海
南西諸島
沖縄本島
小笠原諸島
硫黄島
アメリカ
尖閣諸島
太平洋
台湾
東沙諸島
沖ノ鳥島
第二列島線
第一列島線
何としても第一列島線まで確保するのだ！
中国が設定した軍事上における防衛ライン。内側を自国の内海にすることを目指している
アメリカ領
サイパン島
西沙諸島
グアム
ベトナム
南シナ海
中国
フィリピン
フィリピン海
パラオ
南沙諸島
第一列島線獲得後、最終的に第二列島線までを自国の勢力圏内にすることが中国の目標
マレーシア
インドネシア

ワンポイント！

半導体が台湾の未来を危うくするかもしれない⁉

家電製品からミサイルまで、半導体はあらゆる電子機器に用いられています。台湾は半導体立国であり、世界の半導体受託生産の3分の2のシェアを占めています。ただし半導体は台湾の強みですが、同時に中国による台湾侵攻のリスクを高める要因にもなっています。というのは、2022年に、アメリカが国内の半導体産業の強化を目的とした「CHIPS及び科学法」を成立させるとともに、中国への半導体関連製品の輸出規制強化を打ち出したからです。中国の産業はアメリカの半導体に依存しているため、輸出規制によってダメージを与えることがアメリカの狙いです。すると窮地に陥った中国は、台湾の半導体産業の技術力の高さに目をつけ、台湾への軍事侵攻をますます真剣に検討するようになることが起き得るわけです。

一方アメリカは、法整備などを進めつつ自国の半導体産業の技術力を高めておけば、もし台湾有事が起きても半導体に関しては打撃を最小限に押さえられます。国際関係は本当に複雑です。

東がダメなら南の海へ!? 中国が抱いている野望とは?

［キーワード］ 九段線 人工島 常設仲裁裁判所

非常にランドパワー的な中国の海洋支配の手法

ここまで中国は、尖閣諸島の領有権を主張し、また台湾を「一つの中国」にすることを目指していると述べました。ただし中国の野望は、それだけにとどまりません。

中国は、**東シナ海から南シナ海にかけて九段線（その多くは第一列島線と重なっています）という線**を引き、「ここから内側は全部中国のものだ」と勝手に宣言をしています。その線を見ると、南シナ海のほぼ全域が中国の領海ということになります。そして**南シナ海内にどんどん人工島を建設し、実効支配を進めています。**

南沙諸島にある中国の人工島の中でも最大級の規模であるファイアリー・クロス礁。

こうした中国の振る舞いは、南シナ海の周辺の国々からすれば、たまったものではありません。そこでフィリピンが常設仲裁裁判所に提訴したところ、２０１６年に中国の領有を否定する判決が出ました。しかし中国は「そんな判決は、ただの紙切れだ」と意に介しませんでした。

南シナ海は、中東と東アジアを結ぶ海上交通の要所です。タンカーも中東から中国や日本へと石油を運ぶ時には、必ずこの海を通ります。中国は今、14億人もの人口を抱えながら経済発展を続けていくうえで、**どうやって資源を安定的に確保するかが課題**となっています。その課題に対応するためにも、南シナ海を自分たちの支配下に置きたいというのが中国の狙いです。

ちなみに中国の海の支配の仕方を見ると、とてもランドパワー的です。通常シーパワーの国々が海洋進出をする際にはチョークポイントを押さえることは重視しますが、基本的には誰もが自由に航行できる開かれた海にしておくことを大切にします。そのほうが結果的には自国にとっても、低コストでかつスピーディに世界中の海にアクセスすることができるからです。

一方、**中国は海についても、陸と同じ感覚で面で押さえようとします。**例えば国際的な海洋ルールでは、たとえ外国の軍艦であっても何もせずにただ領海内を通り過ぎるだけであれば、自由に航行することが許されています。しかし中国はこれを許しません。事前の許可を求めます。つまり**非常に手間とコストがかかる海の支配の仕方をしている**のが、中国の特徴です。

「九段線」の内側全てが中国の領海だと宣言

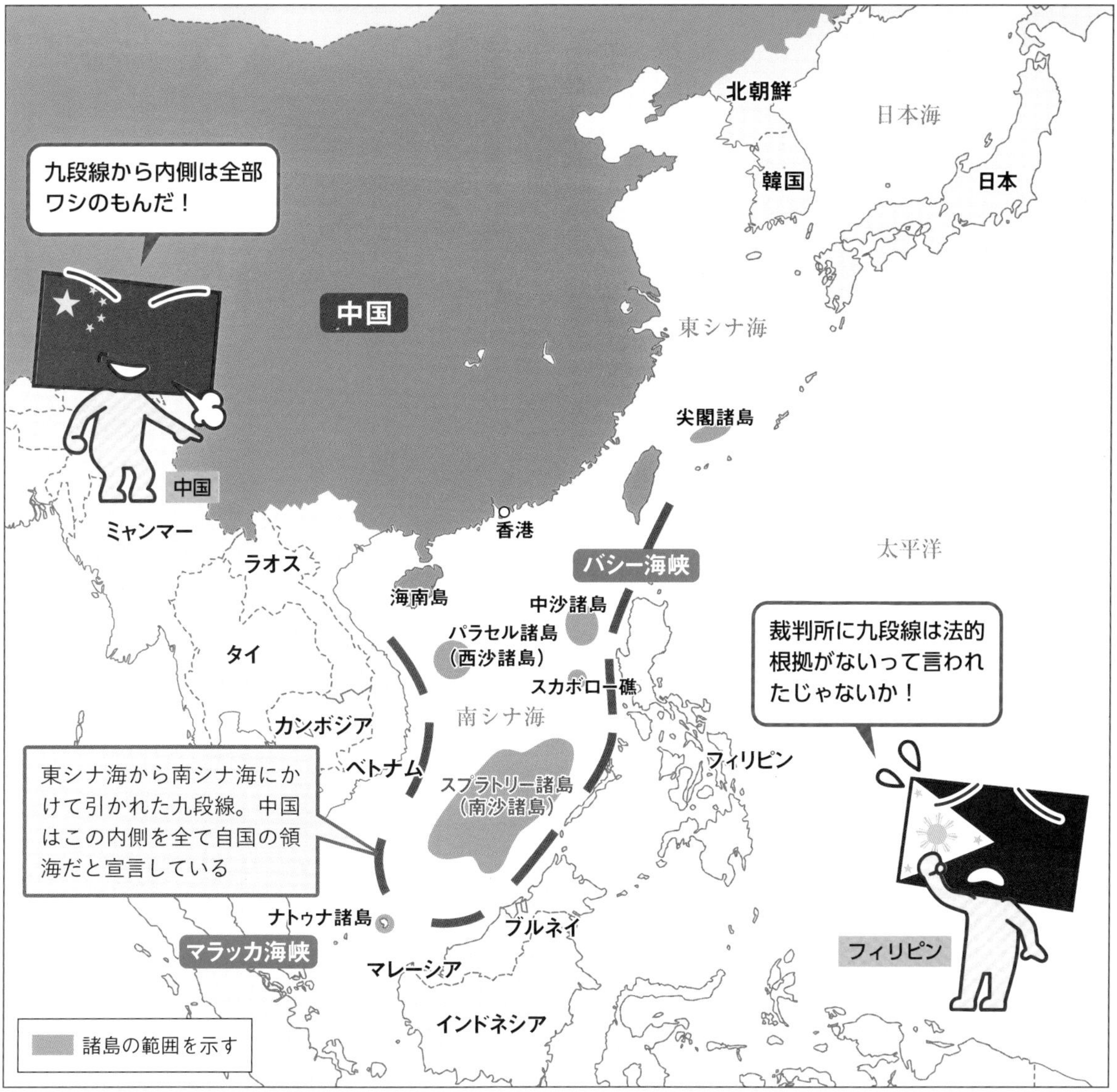

北朝鮮
日本海
韓国
日本
九段線から内側は全部
ワシのもんだ！
中国
東シナ海
尖閣諸島
中国
ミャンマー
香港
太平洋
ラオス
バシー海峡
海南島
中沙諸島
パラセル諸島
（西沙諸島）
裁判所に九段線は法的
根拠がないって言われ
たじゃないか！
タイ
スカボロー礁
南シナ海
カンボジア
フィリピン
ベトナム
スプラトリー諸島
（南沙諸島）
東シナ海から南シナ海にかけて引かれた九段線。中国はこの内側を全て自国の領海だと宣言している
ナトゥナ諸島
ブルネイ
マラッカ海峡
フィリピン
マレーシア
インドネシア
諸島の範囲を示す

ワンポイント！

常設仲裁裁判所（PCA）って何!?

南シナ海で実効支配を進める中国にたまりかねたフィリピンが提訴を行ったのは、常設仲裁裁判所（PCA）という国際機関です。その名称の通り、国家間の紛争の仲裁を目的としていますが、国家だけではなく国際機関や私人でも提訴ができ、また問題が発生している当事国双方のうち、片方の同意がなくても裁判を起こせるのが特徴です。判決に対しては法的な拘束力は生じますが、裁判所にはそれを執行する権限はありません。だから中国は、無視を決め込むことができるわけです。

ちなみに常設仲裁裁判所と類似した機関として、国家間の紛争の裁定や調停を行う国際司法裁判所（ICJ）というものもあります。国際司法裁判所の場合、提訴ができるのは国家だけであり、また訴えられた国も同意をしないと裁判を行うことはできません。さらにそのほかに、戦争犯罪や集団殺害（ジェノサイド）、人道に反した罪を犯した個人を裁く国際刑事裁判所（ICC）という機関もあります。

韓国が置かれる地政学的な難しさとは!?

【キーワード】朝鮮半島　東西冷戦　朝鮮戦争

米中双方に配慮した二股外交を強いられる韓国

朝鮮半島は、日本とは比較にならないぐらいに、**中国の圧倒的な影響を受けざるを得ない場所に位置**しています。古代から19世紀半ば頃まで、中国は世界トップクラスの大国であり、周辺国に対しては冊封体制を敷いていました。朝鮮もまた冊封体制に組み込まれることを選択していました。

2022年より就任した韓国の尹錫悦大統領。米国と中国の間でどのような立場を取るかが注目される。

朝鮮のような半島国家の特徴は、三方を海に囲まれているために、もし隣国が大国だった場合、敵に回した時には逃げ場がなくなってしまうことです。ですから**生き残るためには、地政学的には中国に従属することが一番適切な判断だった**のです。

この状況は、第二次世界大戦後に東西冷戦が始まると大きく変わりました。朝鮮は東側陣営の北朝鮮と西側陣営の韓国に分断され、韓国は中国との国交がなくなりました。冷戦期の韓国の選択肢は、「アメリカに従うこと」の一択でした。韓国は周囲を北朝鮮、中国、ソ連という社会主義体制の国々に取り囲まれ、しかも逃げ場のない半島の先端に位置しています。**国を成り立たせるためには、アメリカに頼るしかなかった**のです。事実、北朝鮮との間で戦われた朝鮮戦争は、アメリカの支援なくしては敗北に終わっていたところでした。

ところが冷戦が終結すると、またまた状況が変わります。韓国は中国との国交を回復。再び中国の存在感が増していきました。しかも中国は冷戦が終結した頃から、長い間続いた停滞期を脱して見違えるような経済成長を遂げ始め、軍備の増強も図っていきました。経済面でも軍事面でも、今ではアメリカを脅かすまでになりました。

そこで難しくなったのが、韓国の立ち位置です。**韓国は自国の安全保障のために、アメリカとの同盟関係は維持しておく必要があります**。もし同盟関係が破綻し、韓国に駐留している米軍が去ってしまったら、朝鮮戦争の時と同じように、北朝鮮に国土を狙われかねません。けれども**一方で、中国との関係も維持しておく必要があります**。特に今の韓国は、経済面では中国に大きく依存しています。そのため韓国は、アメリカと中国の両方に配慮した二股外交を行うことを余儀なくされています。

歴史的には中国に依存してきたわけですが…
韓国

アメリカと中国の間で板挟みになる韓国

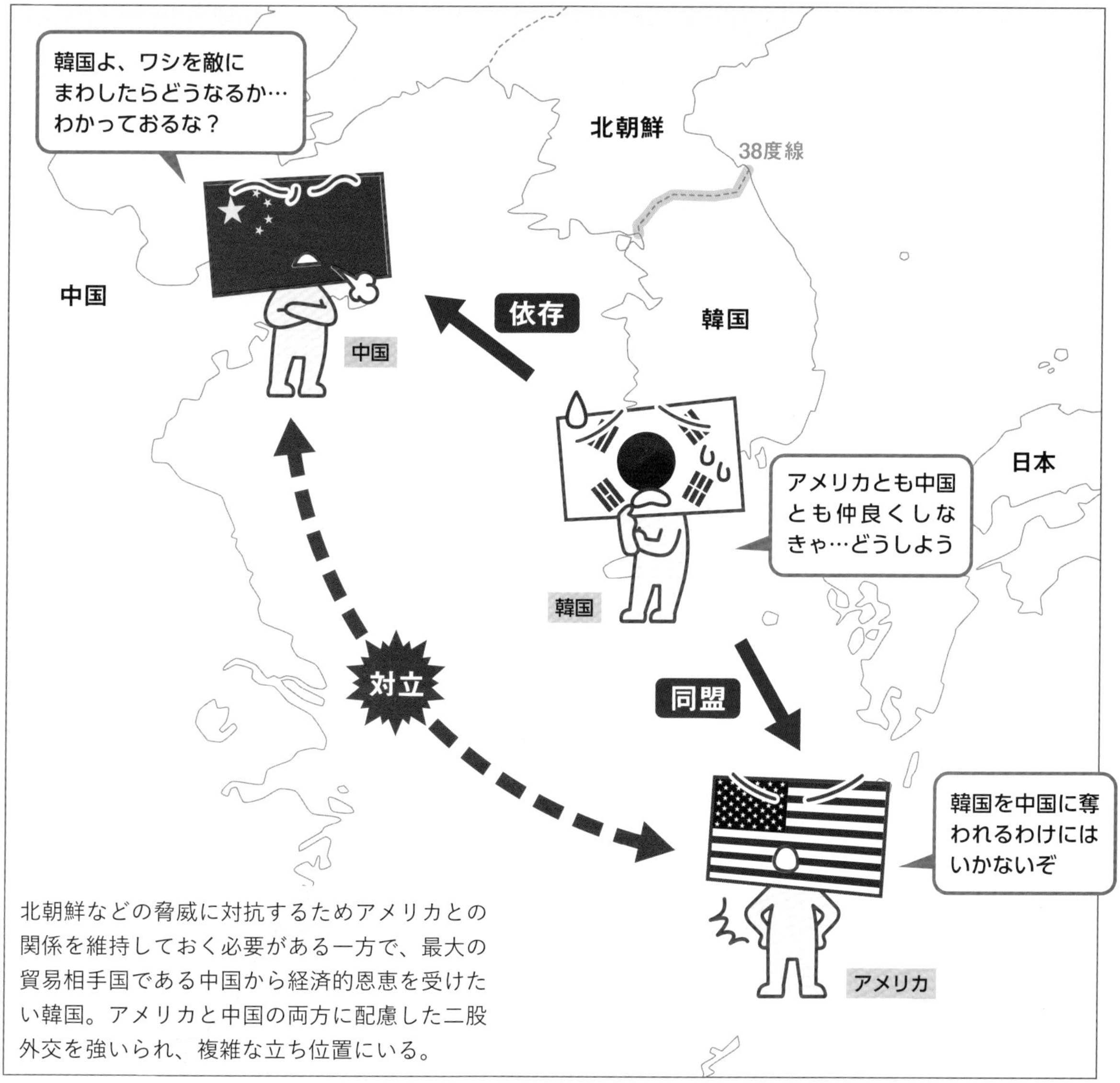

北朝鮮などの脅威に対抗するためアメリカとの関係を維持しておく必要がある一方で、最大の貿易相手国である中国から経済的恩恵を受けたい韓国。アメリカと中国の両方に配慮した二股外交を強いられ、複雑な立ち位置にいる。

ワンポイント!

日本にとっての朝鮮半島の地政学的意味

朝鮮半島南端と九州北部沿岸は、約 200km しか離れていません。そのため古代から中国の進んだ文化や技術は、朝鮮半島を経由して日本に入ってきました。朝鮮半島があることが、日本が発展を遂げていくうえで有利に働きました。ところが明治維新後は、朝鮮半島との距離感が逆に脅威になっていきました。日本の視点から東アジアの地図を見ると、朝鮮半島は日本列島に対して突き出ている「剣」のように見えます。

当時列強は植民地獲得競争を繰り広げていました。そのような情勢下で、特に朝鮮半島は南下政策を進めるロシアが狙っていました。もしロシアが朝鮮半島を奪った場合、次は日本を狙ってくる可能性があります。これを避けるための策として日本が考えたのは、ロシアに先んじて朝鮮半島を支配下に収めることだったのです。明治時代以降、日本が朝鮮への進出を図っていたのにはそうした背景があります。

日本と東アジアの地政学

北朝鮮のわがまま行為はなぜ許されているの？

【キーワード】冷戦の終結　ミサイル・核開発

冷戦終結で後ろ盾を失い核・ミサイル開発に走る北朝鮮

2022年以降、北朝鮮は異常なペースでミサイルの発射実験を繰り返しています。背景には、国際社会がウクライナ問題への対応に追われている中で、北朝鮮の行動にまで対処する余裕がないことが挙げられます。そのため北朝鮮にとっては、**今がミサイル実験を通じてその技術を向上させるチャンス**なのです。

金正恩総書記。父である金正日氏の死去を受け、次期後継者となった。

そもそも北朝鮮がミサイル開発や核開発に力を注ぎ始めたのは、約30年前の冷戦終結直後にまでさかのぼります。冷戦期の北朝鮮は、ソ連と良好な関係を保ち、ソ連の核の傘の下に入っていました。ところが**冷戦の終結とともに、ソ連は北朝鮮の宿敵である韓国との国交を正常化**。さらにソ連消滅後に後を継いだロシアは、相互安全保障に関する内容が含まれたソ朝条約の破棄を決定しました。一方でやはり北朝鮮を支援してきた中国も、韓国との国交を正常化させます。つまり冷戦期までは、ソ連・中国という後ろ盾を得ながら韓国に対峙していた北朝鮮は、**気がつけば国境の周囲を宿敵（韓国）と、信頼できない国（中国・ロシア）に囲まれることになった**のです。

そこで頼りにできるものが何もなくなった時に、国を守る術として選んだのがミサイル開発と核開発です。以降、核やミサイルをちらつかせながら、国際社会から制裁緩和や経済支援を引き出すというのが常套手段となりました。

現在、北朝鮮と政治的・経済的な結びつきが最も強いのは中国ですが、**北朝鮮は内心では中国のことを信頼していません**。もし信頼していれば、国力から見て身の丈に合わない軍事増強などやめて、そのお金を経済の立て直しのほうに使うでしょう。

一方、**中国も北朝鮮のことを「わがまま放題の困った奴だ」と捉えていると想定されます**。しかし困った奴でも手元に引き留めておけば、対米関係において北朝鮮の核・ミサイル開発を止めたいアメリカから譲歩を引き出す際の外交カードとして使えます。また**北朝鮮が崩壊してしまうと、中国に与える経済的な悪影響は多大なものとなります**。だから中国も、北朝鮮のわがまま行為を許さざるを得ないのです。

北朝鮮が開発するミサイルの射程距離

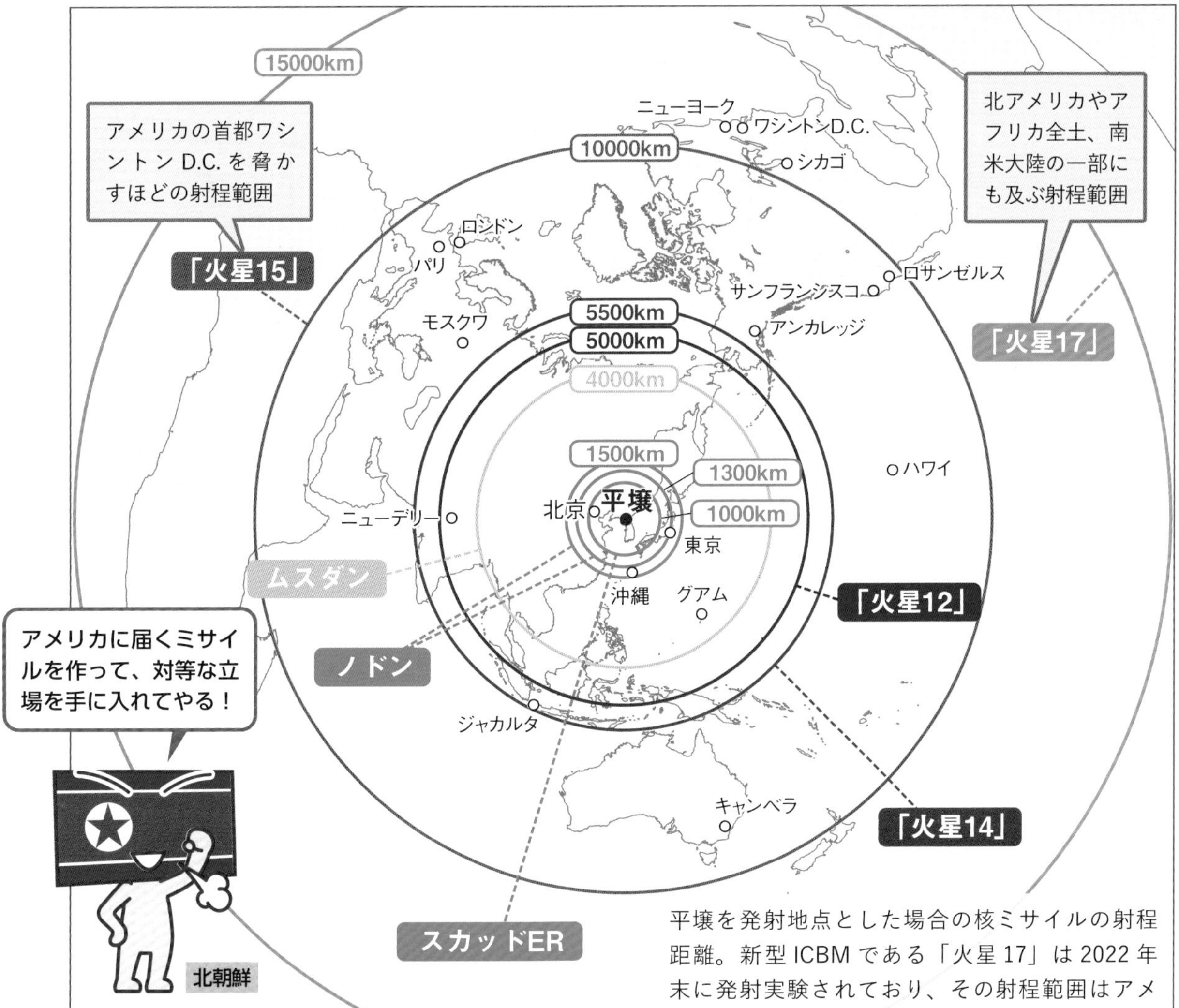

15000km
アメリカの首都ワシントンD.C.を脅かすほどの射程範囲
「火星15」
10000km
ニューヨーク
ワシントンD.C.
シカゴ
北アメリカやアフリカ全土、南米大陸の一部にも及ぶ射程範囲
「火星17」
ロンドン
パリ
モスクワ
サンフランシスコ
ロサンゼルス
アンカレッジ
5500km
5000km
4000km
1500km
1300km
1000km
平壌
北京
東京
ニューデリー
ハワイ
ムスダン
沖縄
グアム
「火星12」
アメリカに届くミサイルを作って、対等な立場を手に入れてやる！
ノドン
ジャカルタ
キャンベラ
「火星14」
スカッドER
北朝鮮

※射程距離は推定のものである。
2022年7月防衛省の公表資料をもとに作成

平壌を発射地点とした場合の核ミサイルの射程距離。新型ICBMである「火星17」は2022年末に発射実験されており、その射程範囲はアメリカ全土を収める。北朝鮮は近年かなりの頻度で弾道ミサイルの発射を繰り返している。

ワンポイント！

国境統制強化により、減り続ける脱北者数

近年、韓国や日本で、北朝鮮から逃れてきた脱北YouTuberが注目を集めています。ただし脱北者の数自体は、一時期と比べ激減しています。脱北者の多くは北朝鮮から中国を経由して韓国へと渡ります。韓国に入国した脱北者数は、ピークだった2009年には3000人近くに達しましたが､北朝鮮が金正恩体制となった12年以降激減。19年には約1000人にまで落ち込みました。金正恩政権が、中国との国境の警備体制を強化したことが理由として考えられます。20年、新型コロナウイルス感染症が流行すると、北朝鮮はさらに国境統制を強化。22年の韓国への脱北者はわずか67人でした。

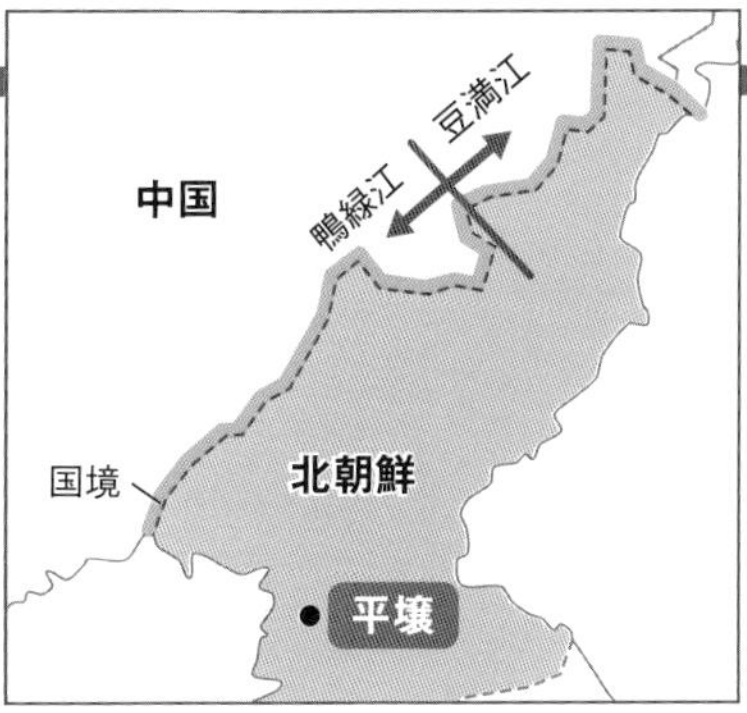

中国
鴨緑江
豆満江
国境
北朝鮮
平壌

中国との国境にある豆満江を越えて中国へ行き、その後韓国に向かって脱北するルートが多い。豆満江は川幅が狭い上、冬は凍結する。

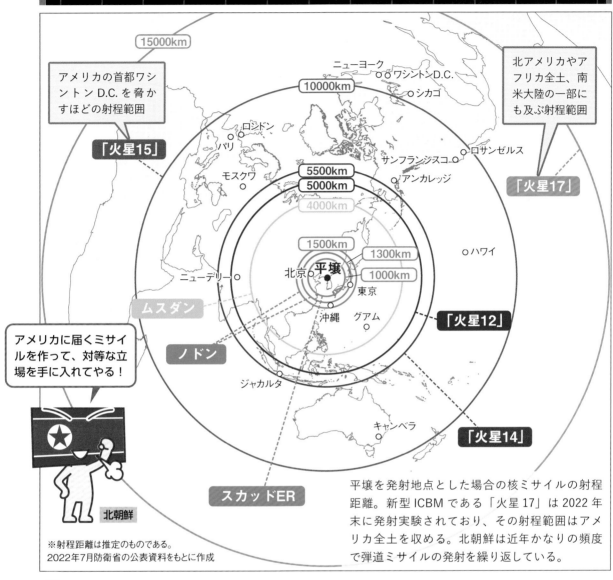

「一帯一路」を提唱した中国の狙いとは一体なに？

【キーワード】一帯一路　ハンバントタ港　債務の罠

中国のやり口に警戒心を抱き始める多くの国々

中国は2013年「一帯一路《いったいいちろ》」という政策を打ち出し、推進するようになりました。「一帯」とは、中国から中央アジア、ヨーロッパへと至る陸のルート、「一路」とは中国から東シナ海、南シナ海、インド洋の沿岸部を抜けてヨーロッパへと至る海のルートのことです。中国は、一帯一路のルートにあたる国々に資金を融資することでインフラ（道路や鉄道、港湾など）を整備し、ヒト・モノ・カネ・情報の流れを拡大させることで、**中国を中心とした大経済圏をつくることを目指しています。**

これが実現すれば、中国はまず自国製品の有望な輸出先を確保できます。また14億人の国民を養うための石油やガス、穀物などの資源を安定的に調達することも可能になります。

一帯一路のルートは、発展途上国が多くを占めています。これらの国は、経済発展を遂げるための資金を切実に必要としています。中国の場合、欧米とは違って、民主化の促進等の条件を課すことなくお金を貸してくれるので、**政治体制が整っていない途上国にとってはありがたい存在**です。またEU諸国の中にも、中国と貿易が促進されることへの期待感から、一帯一路を歓迎する動きもありました。

ところが実際に一帯一路がスタートしてみると、負の側面が露わになってきました。その典型がスリランカの例です。同国は中国から融資を受けてハンバントタ港を建設したものの、借金の返済ができなくなり、**港の運営権を99年にわたって中国に譲渡することになりました。**中国は、中東へのシーレーンを確保するうえで地政学的に重要な拠点となり得るこの港を、労せずして手に入れたわけです。中国のこうしたやり口は、「債務の罠」と呼ばれています。

そのため現在では、一帯一路に批判的な国が増えています。**EU諸国も、国により温度差はありますが、対決姿勢を強めています。**一方中国は、新たに「デジタルシルクロード」やSDGsを実現するための経済支援を謳った「グリーン発展パートナーシップ」を打ち出すことで、他国の関心を引きつけようとしています。

2022年のAPEC首脳会議に出席する習近平国家主席。第3回「一帯一路」国際協力サミットフォーラム開催に意欲を示した。

中国を中心とした
巨大経済圏を
つくってやる！

中国

世界に広がる中国の港と軍事施設

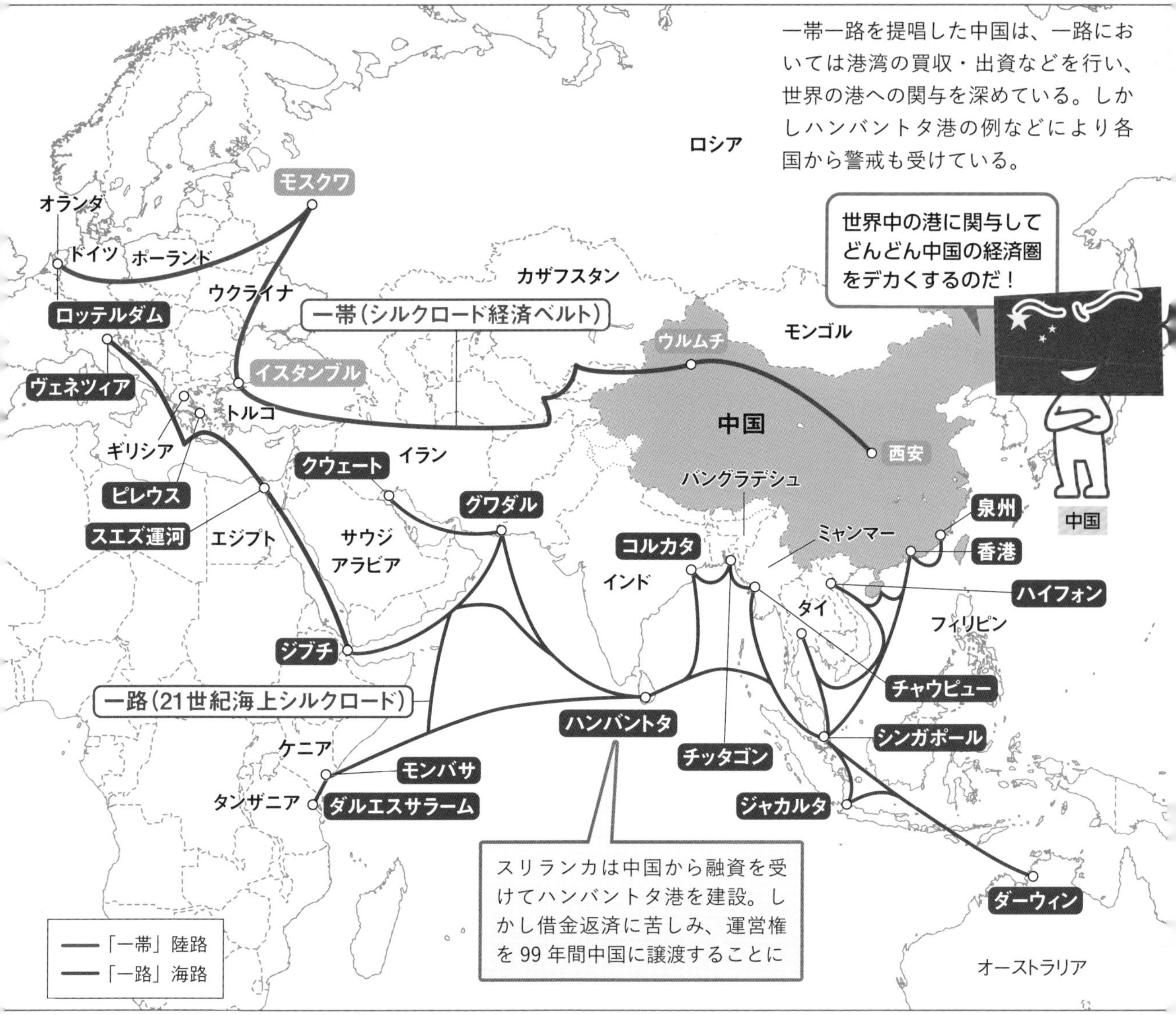

一帯一路を提唱した中国は、一路においては港湾の買収・出資などを行い、世界の港への関与を深めている。しかしハンバントタ港の例などにより各国から警戒も受けている。
世界中の港に関与してどんどん中国の経済圏をデカくするのだ！
中国
ロシア
モスクワ
オランダ
ドイツ
ポーランド
ウクライナ
カザフスタン
ロッテルダム
一帯（シルクロード経済ベルト）
モンゴル
ウルムチ
イスタンブル
ヴェネツィア
トルコ
中国
西安
ギリシア
イラン
クウェート
バングラデシュ
ピレウス
グワダル
泉州
スエズ運河
エジプト
サウジアラビア
ミャンマー
香港
コルカタ
インド
ハイフォン
タイ
フィリピン
ジブチ
チャウピュー
一路（21世紀海上シルクロード）
ハンバントタ
シンガポール
ケニア
チッタゴン
モンバサ
タンザニア
ダルエスサラーム
ジャカルタ
スリランカは中国から融資を受けてハンバントタ港を建設。しかし借金返済に苦しみ、運営権を99年間中国に譲渡することに
ダーウィン
「一帯」陸路
「一路」海路
オーストラリア

ワンポイント！

中国政府はなぜウイグル族を弾圧するのか

中国政府が新疆ウイグル自治区で暮らすウイグル族に対して、思想改造や拷問、暴行などの弾圧を行っていることが国際問題となっています。ウイグル族はイスラーム教を信仰するトルコ系の民族で、漢民族とは文化も言語も異なります。そのため独立志向が強く、特に2000年代以降、独立運動が激化したことにより、中国政府が弾圧を開始したのです。新疆ウイグル自治区は、一帯一路構想において中国と中央アジアの中継地に位置づけられており、中国は力尽くでもこの地域の安定を図りたいと考えています。ウイグル族を根こそぎ漢民族に同化させることが、中国が目指していることです。

トルコで行われた中国政府への抗議運動。ウイグル族への強制収容所での洗脳教育や拷問などが問題になっている。

日米豪印による中国封じ込め作戦とは？

【キーワード】QUAD　IPEF

対決と協調のバランスをいかに取るかが課題

中国が「一帯一路」政策を打ち出した3年後の2016年、当時の安倍晋三首相は「自由で開かれたインド太平洋」という構想を打ち出します。これはインド洋・太平洋地域において、「民主主義や人権の尊重といった普遍的価値を維持しつつ、**自由貿易をベースとした地域全体の経済的発展を実現**するために、関係国で協力していこう」というものでした。いうまでもなく、中国が自国の権益の拡大のために、この地域のルールを勝手に変えようとしていることへの警戒感から生まれたものでした。

日米豪印首脳会合の開催記念撮影の様子（2022年5月）。

そして**この構想が発展するかたちで誕生したのが、日米豪印戦略対話（QUAD《クアッド》）です**。日本、アメリカ、オーストラリア、インドは、いずれもインド洋・太平洋に面しており、民主主義や法の支配といった価値観を共有しています。中国によってその価値観や国際秩序が乱されることがないように、対抗手段としてQUADを組みました。2022年までに3回首脳会議が開かれています。

さらに2022年には、アメリカの**バイデン大統領の提唱により、インド太平洋経済枠組み（IPEF）が発足**しました。こちらは「貿易」「サプライチェーン」「クリーン経済」「公平な税制・脱汚職などの公平な経済」の分野において、インド太平洋地域での共通の基準をつくろうというものです。**IPEFには14か国が参加しており、日米豪印に加えて、韓国や東南アジア諸国も参加しているのが特徴**です。

こうして見ていくと、日米がリーダーシップをとるかたちで、着々と中国包囲網が築かれているように感じられます。ただし**これらの枠組みは、必ずしも打倒中国一辺倒ではありません**。QUADの首脳会議では気候変動問題も取り上げられましたが、この問題を解決するには中国の協力が欠かせません。一方で海洋秩序や人権など、中国と正面から対決しなくてはいけない分野もあります。また対決姿勢をあまり全面に出しすぎると、**中国と経済的な結びつきが強い東南アジア諸国の賛同が得られなくなる懸念**があります。中国との対決と協調のバランスをいかに取りながら、この地域の国際秩序を守っていくかが課題です。

インド洋・太平洋
地域のみんなと
協力していくぞ！
アメリカ

「自由で開かれたインド太平洋」構想

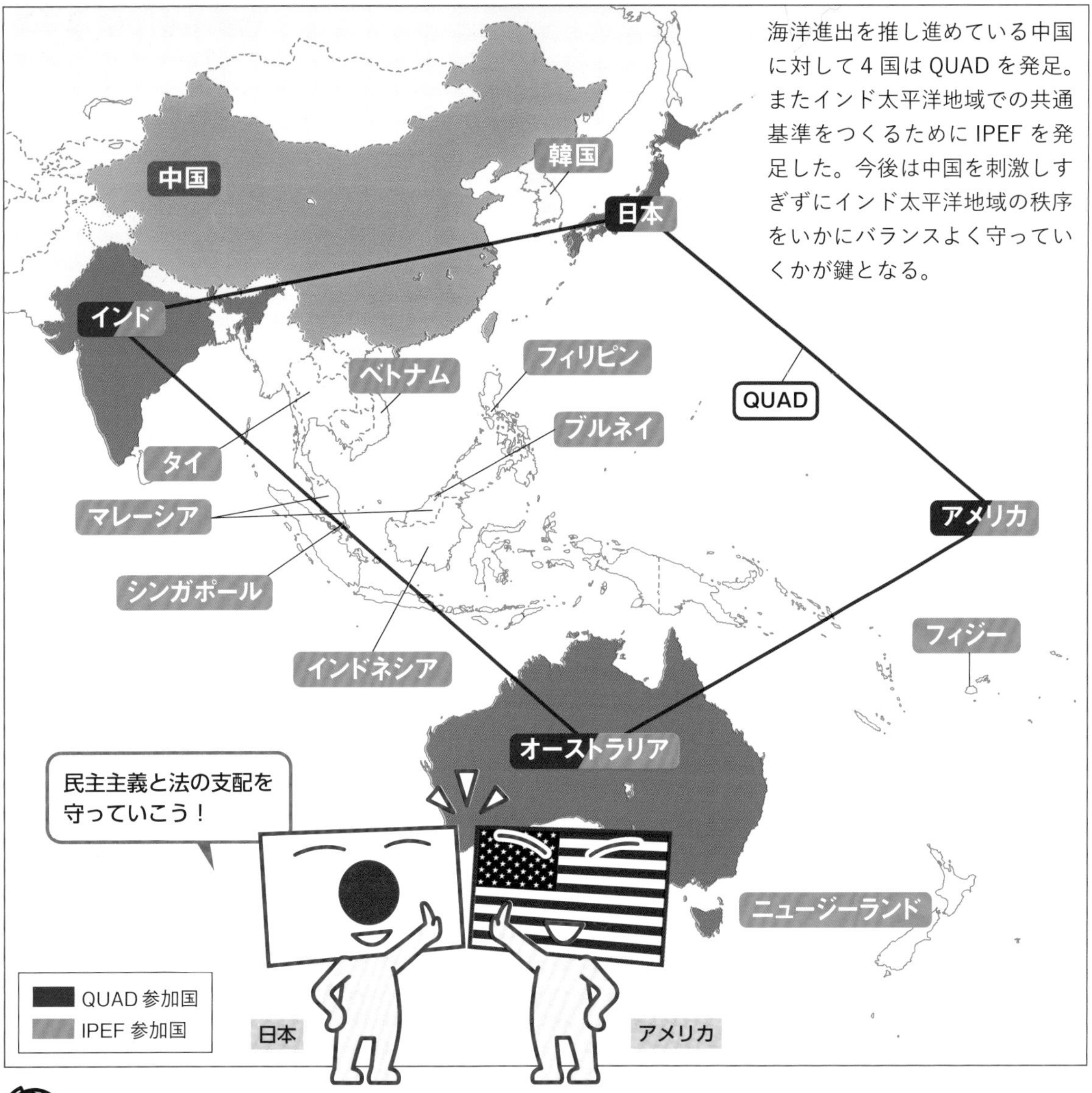
中国
韓国
日本
インド
ベトナム
フィリピン
QUAD
ブルネイ
タイ
マレーシア
アメリカ
シンガポール
フィジー
インドネシア
オーストラリア
ニュージーランド
民主主義と法の支配を守っていこう！
QUAD 参加国
IPEF 参加国
日本
アメリカ

海洋進出を推し進めている中国に対して４国は QUAD を発足。またインド太平洋地域での共通基準をつくるために IPEF を発足した。今後は中国を刺激しすぎずにインド太平洋地域の秩序をいかにバランスよく守っていくかが鍵となる。

ワンポイント！

AUKUS 発足で軍事面でも中国包囲網を強化

2021 年 9 月、オーストラリア、イギリス、アメリカは、「AUKUS《オーカス》」という軍事パートナーシップを発足させました。そのうえで AUKUS では早速、アメリカとイギリスが、オーストラリアへの原子力潜水艦の配備を支援することを発表しました。その狙いはいうまでもなく、中国がインド太平洋地域において軍事面でも勢力拡大を図っている中で、米英豪が連携してこれに対抗することにあります。QUAD がインド太平洋地域における自由や人権、公平な貿易などが中国によって脅かされることがないように発足させた枠組みであるとするならば　AUKUS は軍事面で中国包囲網を強化することを目的とした枠組みです。AUKUS 発足に対して、中国は当然反発。これまでオーストラリアと中国の関係は経済面においては良好でしたが、最近では大きく冷え込んでいます。このようにインド太平洋では、経済・軍事の両面で「中国 VS 民主主義国家連合」という構図ができあがりつつあります。

中国とアメリカが対立を続けるのはなぜか？

【キーワード】米中対立　日本の役割

アジアの盟主の座を巡り米中の攻防が今後も続く

現在、**経済力、軍事力ともに世界第1位はアメリカ、第2位は中国**です。このうち、経済力についてはＧＤＰ（国内総生産）において、２０２８年には中国がアメリカを抜くという予測も出ています。一方、軍事力については大きな差があり、中国がアメリカに追いつくのは容易ではありません。ただし、**アメリカは世界中に軍隊を配備しなくてはいけないのに対して、中国はアジアに戦力を集中**できます。すると世界規模ではアメリカは覇権の座を維持しているものの、アジアでは中国がアメリカを圧倒するといったことが今後は起き得ます。

中国は南シナ海のほとんどを自分の領土だと言い張っているように（→Ｐ46）、自国の利益を守るために、今後この地域のルールを自分たちに都合のよいように書き換えてしまうかもしれません。また西太平洋の制海権を中国に奪われてしまった場合、台湾有事などが起きた時に、アメリカは手も足も出せなくなってしまいます。これは何としても避けたい事態です。

アメリカはすでにオバマ政権（２００９～17年）の時から中国の台頭を警戒し、「リバランス」といって、**それまで中東に重きを置いていた軍事・外交戦略をアジア・太平洋地域に移しました**。次のトランプ政権の時代には、不公正貿易などを巡って中国を激しく非難し、経済制裁を科しました。現在のバイデン大統領も、中国に対する強硬な姿勢は変わっておらず、貿易問題に加えて知的財産権、人権問題、台湾問題といった様々な分野で対立が激化しています。

ただしアメリカは一方で、ウクライナ問題への対応にも追われています。また軍事面で中国に対抗しようにも、国内世論が国防費の大幅増強を許さず、難しい状況にあります。そこでアメリカが取り組んでいるのが、Ｐ54で述べたように、同盟国や友好国と連携して、中国包囲網を築くことです。中でも**重要な役割を期待されているのが、中国に次ぐアジアの地域大国である日本**です。現在の岸田政権はこの期待に応えるために、日本の防衛力強化を打ち出しました。その点で、米中対立は日本にとって自分自身の問題といえます。

2022年11月、バイデンと習近平は対面では初となる首脳会談を行い、台湾問題などについて議論した。

対中国政策には日本の協力が欠かせないのだ
アメリカ

アメリカと中国、それぞれの主張

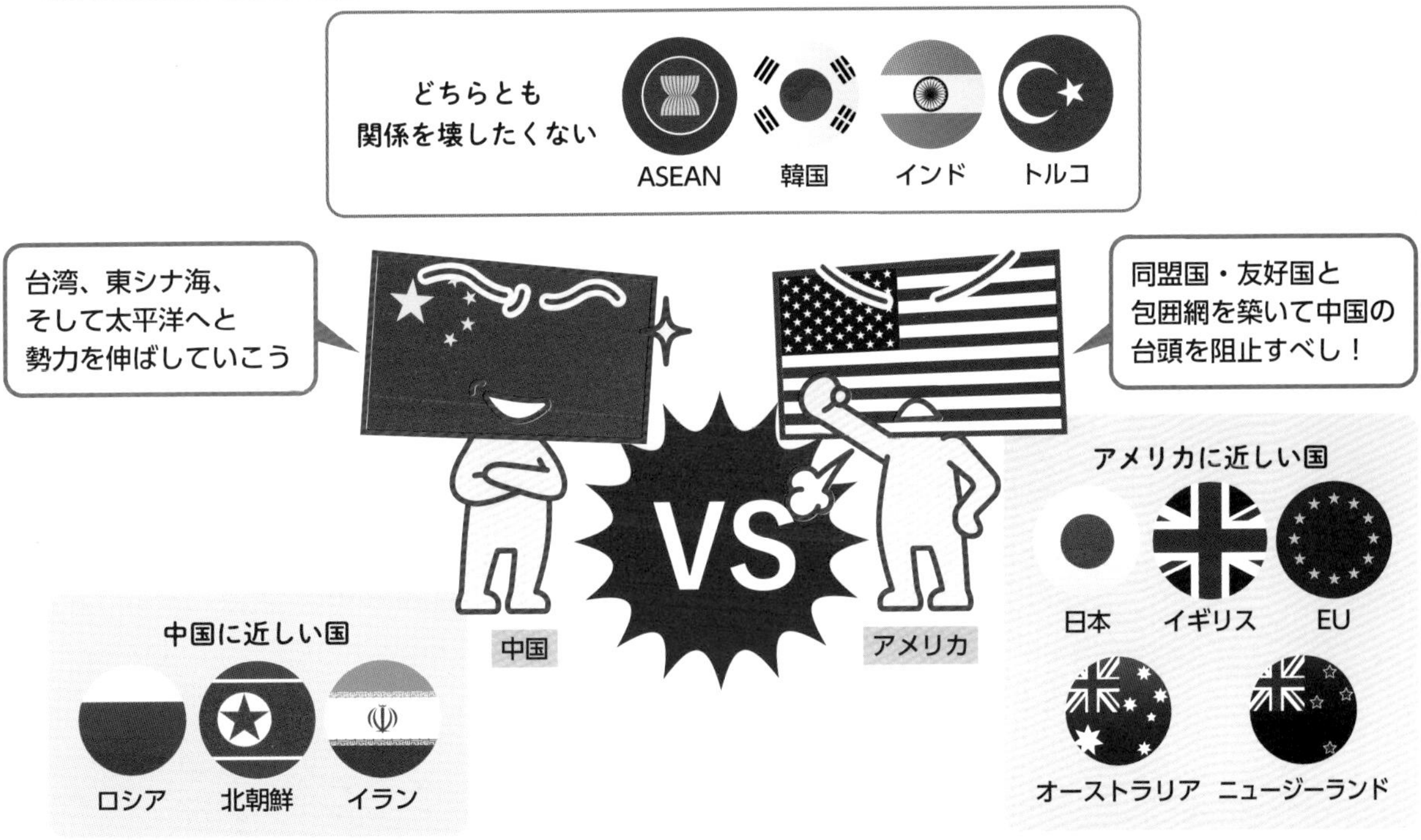

どちらとも
関係を壊したくない
ASEAN
韓国
インド
トルコ
台湾、東シナ海、
そして太平洋へと
勢力を伸ばしていこう
同盟国・友好国と
包囲網を築いて中国の
台頭を阻止すべし！
VS
中国
アメリカ
中国に近しい国
ロシア
北朝鮮
イラン
アメリカに近しい国
日本
イギリス
EU
オーストラリア
ニュージーランド

中国の主張		アメリカの主張
・中国と台湾は「一つの中国」。 ・台湾独立の気運が高まれば武力行使もあり得る。	台湾問題	・中国の軍事的圧力を警戒し、台湾への武器支援を強化。 ・ただし、中国の主張する「一つの中国」政策は従来通り認知する。
・アメリカが北朝鮮に歩みよるべきだと主張。	北朝鮮ミサイル問題	・北朝鮮の後ろ盾である中国に「責任ある行動」を求め、北朝鮮に対する制裁の徹底をうながす。
・戦争には反対しつつも、ロシアとの経済協力は継続。	ウクライナ侵攻	・ウクライナ支援の強化。 ・中国にロシアを支援しないよう要求。
・ジェノサイド（集団殺害）の事実はないと強く否定。	ウイグルの人権問題	・ウイグル人に対して強制労働やジェノサイド（集団殺害）が行われていると非難。

ワンポイント！

日本はなぜ、防衛力強化を行うのか？

2015年、安倍政権は日米同盟の強化を目的に、集団的自衛権の行使を可能にする安全保障関連法を制定しました。さらに現在の岸田首相はアメリカに対して、「日米同盟の抑止力・対処力の早急な強化」を表明。2022年末に閣議決定した防衛力整備計画では、防衛費の増額とともに、離れた場所から敵基地をミサイルで攻撃できるスタンド・オフ・ミサイルの配備にも言及しました。

日本は戦後の長い期間、専守防衛を堅持し、敵基地反撃能力の役割については米軍に担ってもらっていましたから、これは日本の安全保障政策が大きく変容しつつあることを意味しています。

戦後日本の防衛政策を大きく転換させようとしている岸田首相。

ウクライナ侵攻をめぐる地政学

なぜプーチンはウクライナに侵攻したのか？

【キーワード】プーチン　ウクライナ　クリミア半島

警戒心の強いロシアとその隣国ウクライナの運命

2022年2月、ロシアはウクライナ侵攻を開始し、世界に衝撃を与えました。プーチン大統領は、なぜ国際的な非難を浴びてまでウクライナを攻めたのでしょうか。

一つ目の理由は、ロシアのウクライナに対する認識が挙げられるでしょう。ウクライナ人とロシア人は違う民族で、言語も異なっています。しかし、**ウクライナの大半は18世紀後半以降にロシア帝国の領土となり、1991年のソ連崩壊まで、ロシアと同一の国でした**。ロシア側としては、「本来、ウクライナとロシアは一体だ」という意識を持っているのです。

ウクライナで苦戦が続いても戦争を止めようとしないプーチン大統領。

二つ目の理由は、ウクライナの持つ地政学的重要性です。国土が北に位置するロシアにとって、冬でも凍らない港（不凍港《ふとうこう》）は重大な意味を持ちました。**黒海に突き出たクリミア半島には、不凍港の一つで軍港のセヴァストーポリがあります。**

さらに、ウクライナには「緩衝《かんしょう》地帯」という意味合いもあります。緩衝地帯とは、対立する二つの勢力の間にあり、衝突を防ぐ空間のことです。地形が平らで攻め込まれやすいロシアは、侵略への警戒心が強く、緩衝地帯を欲しがります。**ウクライナが欧米に近づくと、ロシアは欧米との間にある緩衝地帯を失ってしまうのです。**これらの理由から、ロシアはウクライナを自国につなぎ留めようとしています。

一方のウクライナでは、親欧米・親ロシアの間で国内対立が続いていました。2014年、ウクライナのデモで親ロシアの政権が倒れます。ロシアは、**ウクライナ東部にロシア系住民が多いことを利用して介入し、クリミア併合を強行します。**東部のドネツク・ルハンスクもロシアの支援を背景に独立を宣言し、断続的な戦闘が続きました。こうした強引なやり口により、ウクライナ国民の心情は親欧米に傾きます。

2022年のウクライナ侵攻も、この対立の延長上にあるといえます。侵攻当初、ロシアはウクライナの思わぬ反撃にあい、首都キーウ攻略を断念。その後、東部・南部地域の確保に注力します。ウクライナも欧米の支援を受けて反攻に出ており、戦争は長期化しそうです。

ウクライナは元々オレ様の領土の一部だったのだ！
ロシア

2022年に始まったウクライナ侵攻の状況

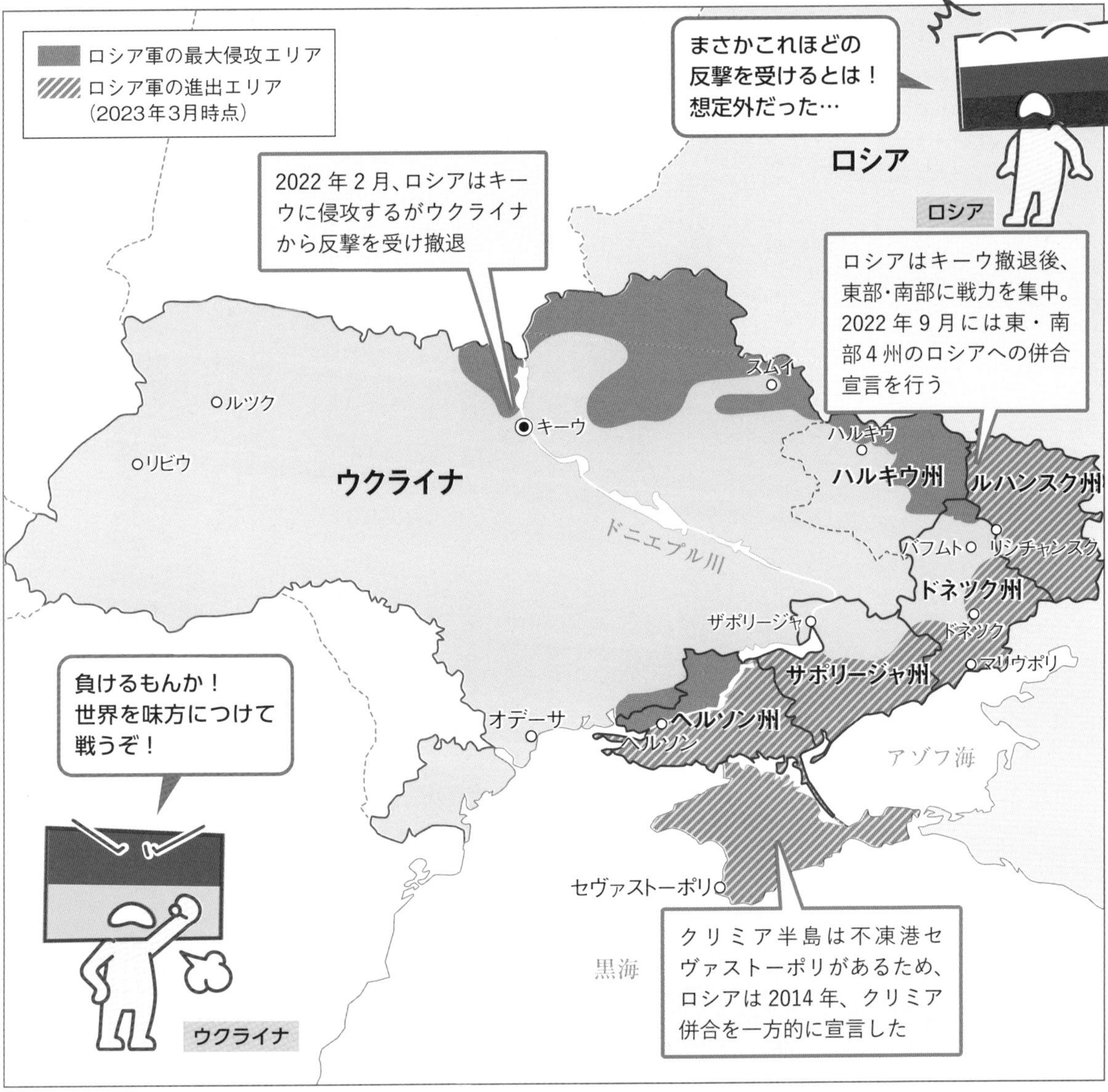
ロシア軍の最大侵攻エリア
ロシア軍の進出エリア
(2023年3月時点)
まさかこれほどの
反撃を受けるとは！
想定外だった…
ロシア
ロシア
2022年2月、ロシアはキーウに侵攻するがウクライナから反撃を受け撤退
ロシアはキーウ撤退後、東部・南部に戦力を集中。2022年9月には東・南部4州のロシアへの併合宣言を行う
ルツク
リビウ
キーウ
ウクライナ
スムイ
ハルキウ
ハルキウ州
ルハンスク州
ドニエプル川
バフムト
リシチャンスク
ドネツク州
ドネツク
ザポリージャ
マリウポリ
サポリージャ州
オデーサ
ヘルソン州
ヘルソン
アゾフ海
セヴァストーポリ
黒海
負けるもんか！
世界を味方につけて
戦うぞ！
ウクライナ
クリミア半島は不凍港セヴァストーポリがあるため、ロシアは2014年、クリミア併合を一方的に宣言した

ロシア軍の侵攻により破壊されたウクライナの首都キーウ。多くの人の命や居場所が奪われている。

ウクライナのゼレンスキー大統領は、各国議会でのオンライン演説などによって世界中の国々に支援を呼びかけている。

ロシアがクリミア半島にこだわり続ける理由とは？

［キーワード］ 不凍港　南下政策　クリミア半島

黒海と地中海を繋ぐボスフォラス海峡。

南下政策で黒海へ進出 英国と激しく対立する

世界最大の面積を誇るロシアですが、その領土は大きな欠点を抱えていました。国土が北に偏っているため、面している海が冬に（または年中）凍ってしまい、外洋に進出するうえで不利になるのです。

17世紀末以降、**一年中凍らない港（不凍港）を手に入れるのがロシアの悲願**となりました。温暖な南の沿岸部に領土を広げるため、いわゆる南下《なんか》政策が行われるようになります。ロシアの南にある外洋への出口が黒海になります。黒海からボスフォラス・ダーダネルス海峡を通じて、地中海に出ることができるのです。

黒海の北岸を支配していたのは、オスマン帝国に従属していたイスラム教の国、クリム・ハン国でした。ロシアはオスマン帝国と戦い（ロシア＝トルコ戦争）、1783年にクリム・ハン国を併合しました。オスマン帝国を標的にして南下を進めていくロシアに対し、他の列強は警戒を強めます。特に激しく対立したのは、当時世界の海の覇権を握っていたイギリスでした。ロシアの南下は、イギリスとインドを結ぶ航路を脅かすからです。**ランドパワーのロシアと、シーパワーのイギリスの対立**であったといえます。

19世紀ごろ、**オスマン帝国を圧迫するロシアの南下は、イギリスやフランスなど列強諸国の思惑が絡んで複雑な外交問題になりました**。これを「東方問題」といいます。1853年に勃発したクリミア戦争では、英仏などがオスマン帝国に味方してロシアと戦い、その南下を阻止しました。クリミア戦争は、イギリスの看護師ナイチンゲールが活動したことでも有名です。

1877年にも、ロシアはオスマン帝国と戦いました。ロシアは勝利して領土を得ますが、ロシアを危険視する列強の介入により、権益を大きく後退させました。黒海方面でのロシアの南下は、完全に挫折したのです。**ヨーロッパ方面の南下を諦めたロシアは、19世紀末ごろから東アジアに目を向けました**。これによって日本との対立が生じ、日露戦争に至ります。凍らない港を求めたロシアの南下は、19世紀の多くの戦役の原因になったのです。

南下政策を続けるロシア

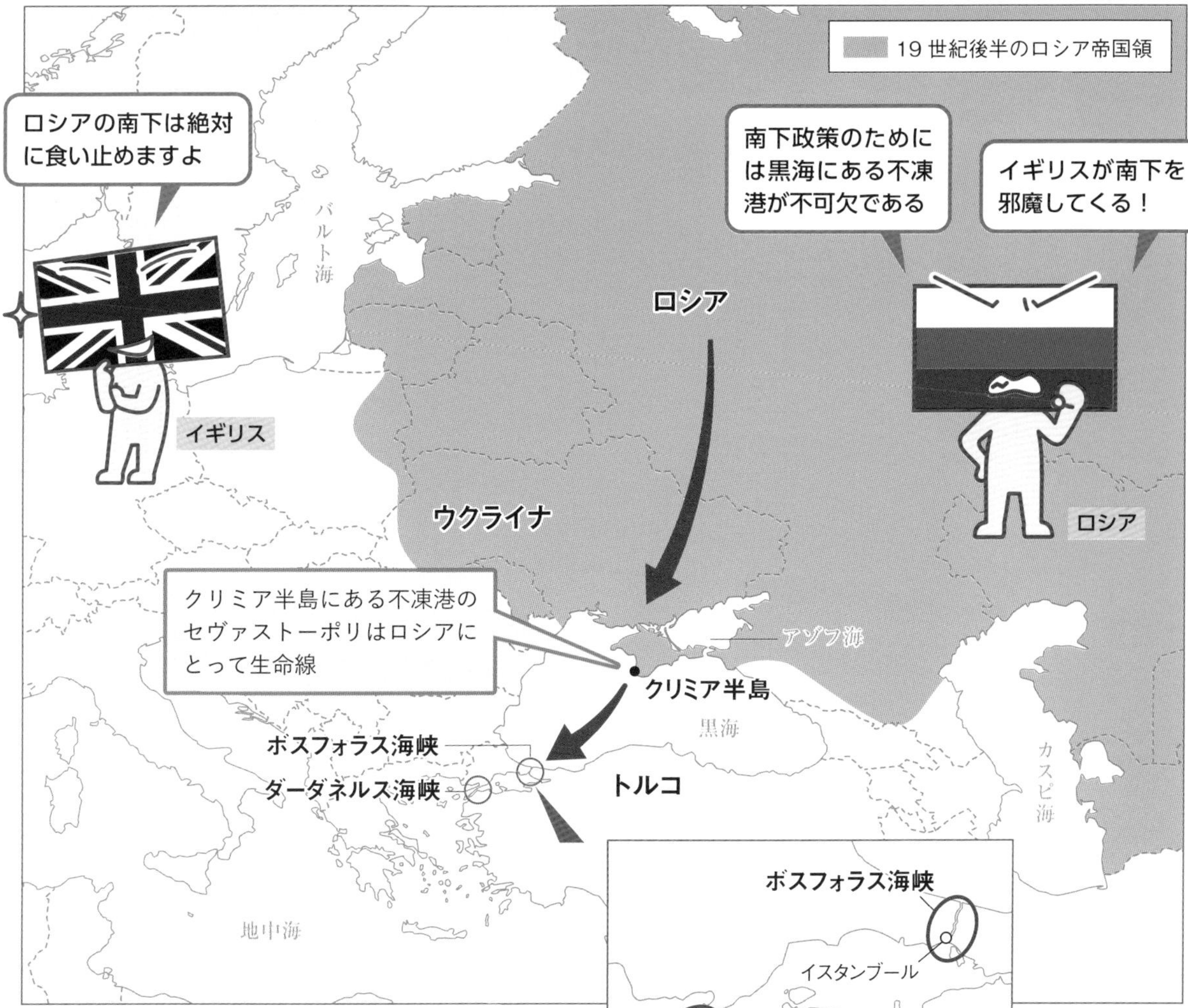

19 世紀後半のロシア帝国領
ロシアの南下は絶対に食い止めますよ
イギリス
南下政策のためには黒海にある不凍港が不可欠である
イギリスが南下を邪魔してくる！
ロシア
ロシア
バルト海
ウクライナ
クリミア半島にある不凍港のセヴァストーポリはロシアにとって生命線
アゾフ海
クリミア半島
黒海
カスピ海
ボスフォラス海峡
ダーダネルス海峡
トルコ
地中海

ボスフォラス海峡
イスタンブール
ダーダネルス海峡

ボスフォラス海峡とダーダネルス海峡の拡大図

黒海と地中海を結ぶボスフォラス・ダーダネルス海峡。古来よりアジアとヨーロッパの接点となってきた都市イスタンブールは、ボスフォラス海峡を挟んで位置する。

ワンポイント！

日露戦争は英米の代理戦争だった？

19 世紀末に極東に進出したロシアは、満洲（中国東北部）や朝鮮半島に影響力を強めました。大陸への進出をはかる日本はこれを脅威とみなします。一方、ロシアと長く対立していたイギリスは、地理的に遠い極東での協力者を必要としていました。利害が一致した両国は、1902 年に日英同盟を締結します。

ヨーロッパを出航したロシアのバルチック艦隊は、イギリスの妨害にあって疲弊し、日本海海戦で敗れる遠因になりました。ロシアを脅威とするアメリカの支援もあり、日本はロシアに勝利できたのです。

日本海軍を率いた東郷平八郎と戦艦三笠。旗艦の三笠はイギリスで製造された。

ウクライナ侵攻をめぐる地政学

バルト海はロシアにとってヨーロッパの玄関口？

【キーワード】 バルト海　北方戦争　カリーニングラード

スウェーデンに勝利してロシアは強国の一員に

ロシアにとって、クリミアや黒海に並ぶほど重要な場所がバルト海沿岸です。17世紀末に即位したピョートル1世（大帝）は、積極的な西欧化と富国強兵を進めていました。海外進出によって繁栄するイギリスやオランダを視察したピョートルは、海洋政策の必要性を痛感します。**西欧とつながる窓口として、ピョートル1世はバルト海への進出を目指しました。**

ロシアの近代化に尽力したピョートル１世。

この頃、バルト海の覇権を握っていた強国はスウェーデンでした。18世紀初め、ロシアはスウェーデンとの北方戦争を戦い、**悲願であったバルト海沿岸の領土を獲得。ネヴァ川の河口に新都サンクトペテルブルクを建設**しました。北方戦争中に設立されたバルト海艦隊（バルチック艦隊）は、日露戦争で日本の連合艦隊と戦ったことでも有名です。

サンクトペテルブルクはロシア帝国の首都として繁栄しましたが、**冬には凍結してしまいます。不凍港を求めるロシアの領土拡張はその後も継続**しました。18世紀後半、ロシアはプロイセン、オーストリアとともにポーランドを三度にわたって分割し、バルト海沿岸に領域を広げます。

北方戦争やポーランド分割の過程で、現在のバルト三国（エストニア、ラトビア、リトアニア）がロシア領となります。19世紀初頭には、フィンランドがスウェーデンからロシアに割譲されました。

ポーランドとフィンランドはロシア革命後に独立。バルト三国はソ連に組み込まれたのち、ソ連崩壊によって独立を回復しますが、その際にロシアはカリーニングラードという飛び地を確保しました。**カリーニングラードはバルト海に面した不凍港であり、ロシアのバルチック艦隊司令部が置かれた地政学的要衝**となっています。

こうした歴史的経緯もあり、**ポーランドやバルト三国はＮＡＴＯの加盟国**となり、集団安全保障の枠組みに入っています。さらに、２０２２年のウクライナ侵攻の波紋も大きいものでした。歴史的にはロシアと因縁のある**スウェーデンとフィンランドもＮＡＴＯ加盟を希望**し、ロシアの孤立は深まっています。

ロシアには何度も痛い目にあってきたしもうNATOに入るしかないかぁ…
スウェーデン
フィンランド

サンクトペテルブルクとカリーニングラードの重要性

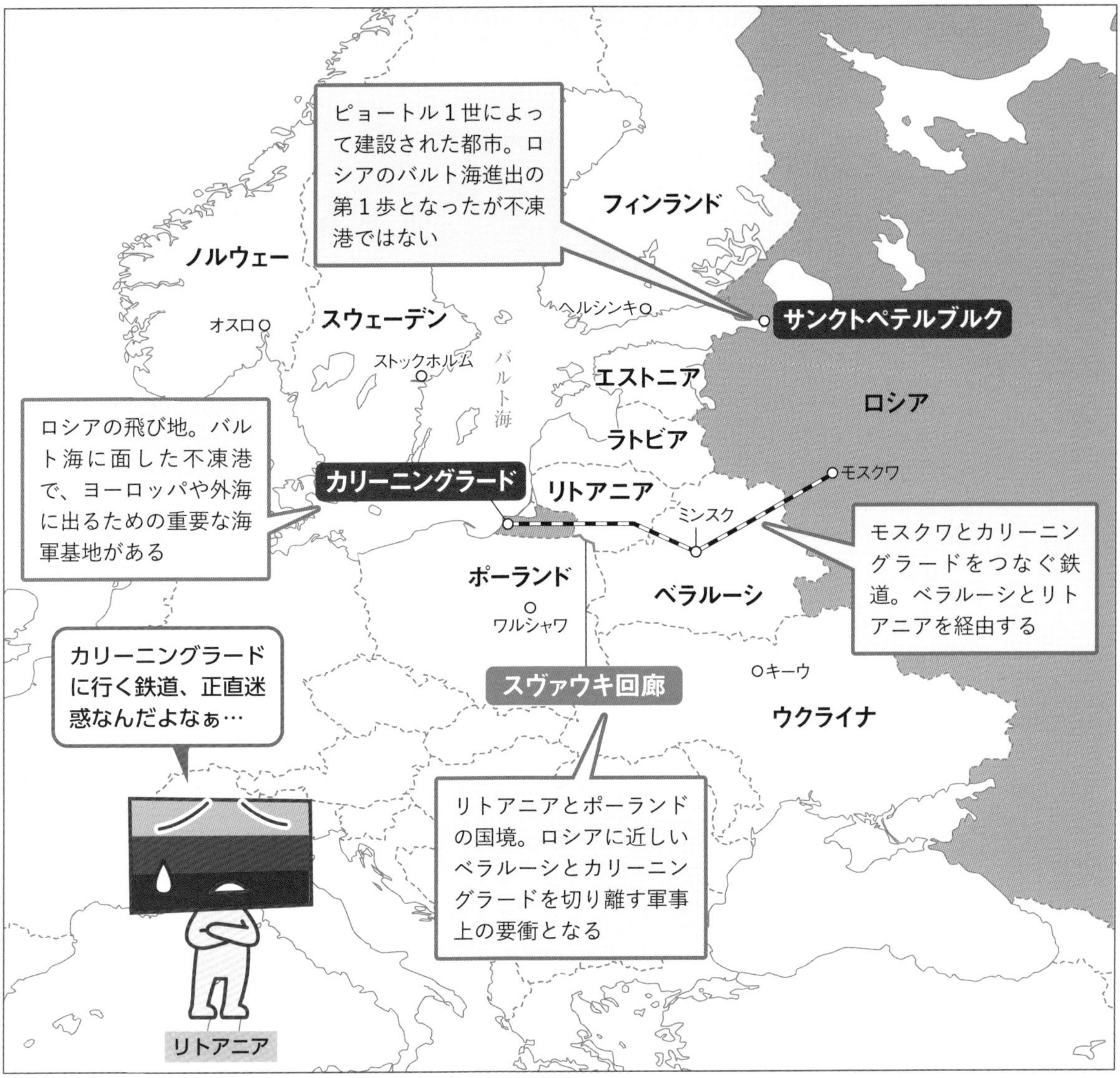
ピョートル1世によって建設された都市。ロシアのバルト海進出の第1歩となったが不凍港ではない
フィンランド
ノルウェー
ヘルシンキ
サンクトペテルブルク
オスロ
スウェーデン
ストックホルム
バルト海
エストニア
ロシア
ロシアの飛び地。バルト海に面した不凍港で、ヨーロッパや外海に出るための重要な海軍基地がある
ラトビア
モスクワ
カリーニングラード
リトアニア
ミンスク
モスクワとカリーニングラードをつなぐ鉄道。ベラルーシとリトアニアを経由する
ポーランド
ベラルーシ
ワルシャワ
カリーニングラードに行く鉄道、正直迷惑なんだよなぁ…
キーウ
スヴァウキ回廊
ウクライナ
リトアニアとポーランドの国境。ロシアに近しいベラルーシとカリーニングラードを切り離す軍事上の要衝となる
リトアニア

ワンポイント！

ロシアが絶対に手放さない土地、カリーニングラード

リトアニアとポーランドの間にあるロシアの飛び地がカリーニングラードです。13 世紀にドイツ人が建設した都市で、もとはケーニヒスベルクといいました（ソ連時代に改名）。1991 年のバルト三国の独立によって飛び地になりましたが、バルト海に面する貴重な不凍港であるため、ロシアにとっては今でも軍事的・経済的に重要な地域です。なお、ロシア本土とカリーニングラードを結ぶ鉄道は、NATO 加盟国のリトアニアを経由しています。2022 年のウクライナ侵攻に伴う制裁で、リトアニアが鉄道貨物輸送を制限したため、ロシアとの間の新たな火種になっています。

ロシアのウクライナ侵攻に対し、リトアニアで起きた反戦デモ。

ウクライナ侵攻をめぐる地政学

ロシアはどうして戦争に勝てると思い込んでいるのか？

【キーワード】ナポレオン戦争　独ソ戦

ナポレオンとの戦いを祖国戦争、ナチスとの戦いを大祖国戦争と呼ぶぜ
ロシア

ハートランドを持つロシア守りの面では最強？

冷戦期の二大国の一つで、現在もプーチン政権のもと「強いロシア」の復活にこだわるロシア。ロシアが大国としてのプライドを持っていると同時に、周辺国にもロシアへの恐れがあるのは否めません。この「恐ろしさ」の源泉は何なのでしょうか。地政学的には、**ロシアが「ハートランド」を抑えている**ためだと説明できます。

地政学の祖とされるイギリスの地理学者マッキンダーは、ユーラシア大陸の中心部をハートランドと名付けました（→P16）。北は北極海に面していますが、氷の海であるため海からハートランドに入ることは困難です。ハートランドの南は、険しい山脈や不毛の砂漠です。**外部からの侵略者がハートランドを奪うことはまず不可能**です。

このことから、マッキンダーは「ハートランドを制する者は世界を制する」と述べました。そのハートランドを支配しているのがロシアというわけです。

ロシアが守りの面で滅法強いのは事実です。1812年、ヨーロッパ征服の野望を抱くフランスのナポレオン1世は、ロシア遠征を始めました。しかし、フランス軍が領土の奥深くにまで入り込んだ頃に厳しい冬が到来し、遠征は失敗に終わりました。

もう少しでモスクワを落とせたのに…

ロシア遠征を行ったナポレオン１世。

第二次世界大戦中の1941年、ドイツのヒトラーがソ連に侵攻し、独ソ戦が始まりました。ソ連は緒戦で敗退を重ねますが、同年の冬にドイツ軍の進撃は止まります。ソ連は2000万人もの犠牲を払い、ドイツを撃退しました。

ナポレオンもヒトラーも、ハートランドの征服を目指しながらもロシアに敗れたことになります。**「ロシア＝不敗、不屈」という強烈なイメージが、自他ともに強く刷り込まれている**といえます。

とはいえ、ロシアが強いのは侵略を受けた時です。クリミア戦争や日露戦争のように、**ロシアが対外進出した結果起きた戦争については敗北も経験**しています。

ウクライナ侵攻に関しても、ロシア軍は開戦当初の予想に反して苦戦を続けています。核兵器というカードはあるものの、「ロシア＝手強い軍事大国」という幻想は崩れつつあります。

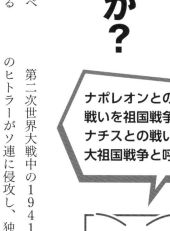

守りに強いハートランドを有するロシア

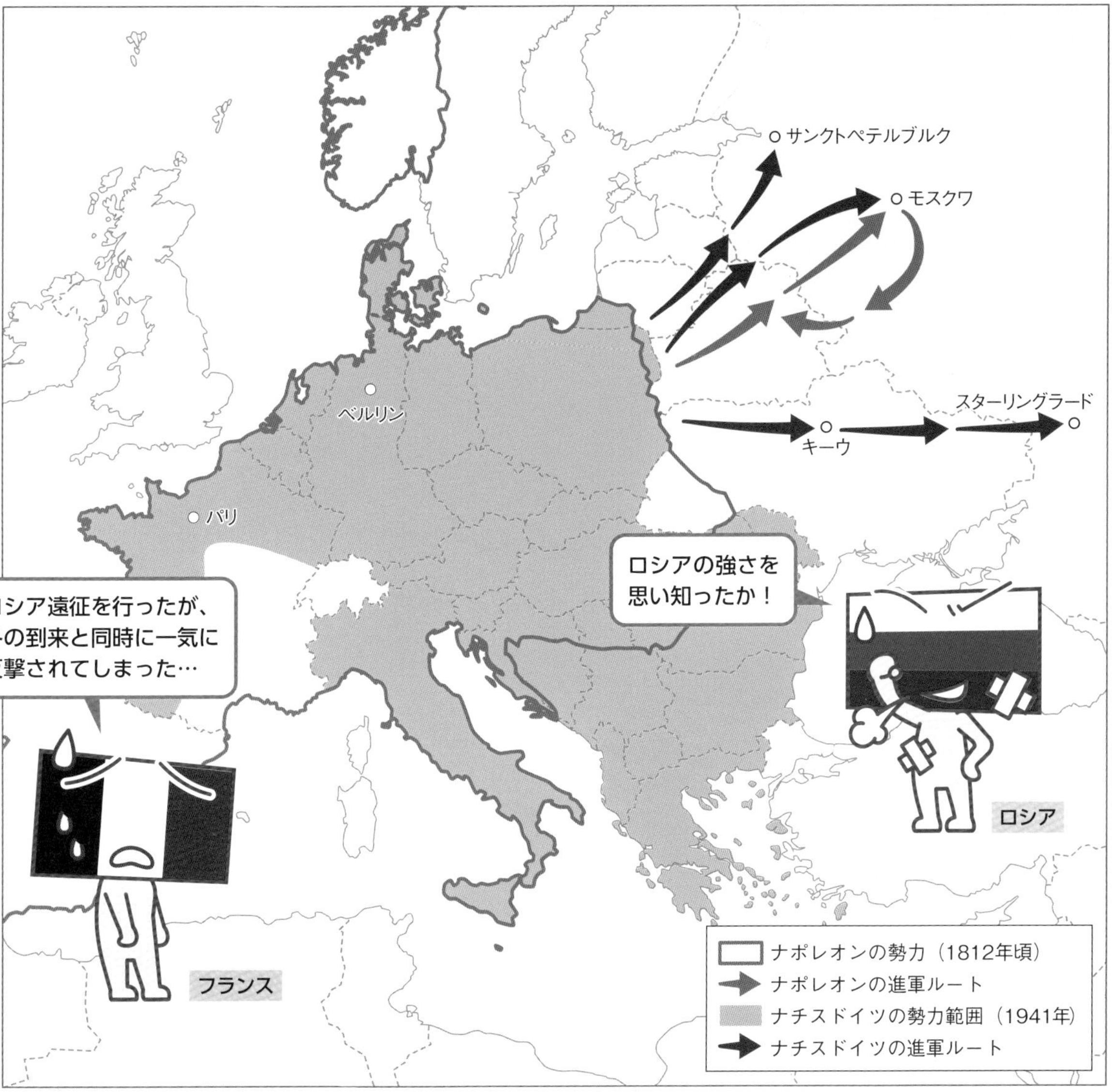

ワンポイント！

両者譲らなかった冷戦時代の宇宙開発

冷戦中、米ソ両国は科学技術面でもしのぎを削りました。大戦末期にアメリカが核兵器を開発・使用すると、ソ連は 1949 年に核実験を成功させます。宇宙開発も、ミサイルなど軍事技術に応用できることから、激しい競争が展開されました。先手を取ったのはソ連で、1957 年に史上初の人工衛星「スプートニク１号」打ち上げに成功。61 年、ガガーリンによる初の有人宇宙飛行を実現させました。アメリカも巻き返し、69 年にアポロ 11 号が月面に着陸しました。

ソ連の科学技術はアメリカに引けを取っておらず、現在も一定以上の世代にとっては矜持となっています。

人類初の有人宇宙飛行を達成したソ連のユーリイ・ガガーリン。

苦渋も辛酸もなめてきた東ヨーロッパの地政学的弱点

［キーワード］ 衛星国 緩衝地帯 プラハの春

東欧の地理的特色が苦難の歴史の原因に

ヨーロッパの東部は、おおむね平坦な地形が広がっており、通行を妨げる山脈や砂漠がありません。氷の海や山脈、砂漠に囲まれた**ハートランドからの出入りが容易な唯一の地域**なのです。

ヨーロッパにおける資本主義陣営と社会主義陣営の分断を「鉄のカーテンが下りている」と表現したイギリス前首相であるチャーチル。

有史以来、ユーラシア中央部の草原地帯から来た遊牧民は、東欧を通ってしばしばヨーロッパに侵入し、歴史を動かしています。古代末期のフン人や、13世紀のモンゴル人などの例があります。一方、中世に行われたドイツ人の東方植民のように、平和的な人の移動もありました。

近代には、ロシア（ソ連）とドイツという有力国に挟まれ、苦難の多い歴史をたどりました。例えば第二次世界大戦中のポーランドは、ドイツとソ連の双方から侵略され、甚大な被害を受けています。

一方、第二次世界大戦はソ連にも深い傷跡を残します。冷戦によって西欧と対立したソ連は、自国の領域が敵国に接するのを恐れました。そこで、**ソ連は東欧を自国に従順な衛星国とし、西側諸国に対する緩衝地帯にしようとしました。**

戦後、ドイツの占領から解放された東欧諸国では、**ソ連の介入によって共産党一党独裁体制が成立**しました。

こうした中、１９４９年に結成されたのが、西側の集団安全保障同盟であるＮＡＴＯ（北大西洋条約機構）です。東側も対抗して、１９５５年にワルシャワ条約機構を結成しました。加盟国への侵略に対し、協同で軍事行動を行う取り決めです。

冷戦中、**東欧の国々ではソ連の抑圧的なやり方に反抗し、自由化を求める動き**もありました。１９５６年、ハンガリーではナジ首相が改革を進めますが、反ソの動きを危険視したソ連が軍事侵攻し、挫折しました（ハンガリー事件）。１９６８年には、チェコスロバキアのドゥプチェクによる自由化運動が実施されましたが（プラハの春）、やはりソ連の指揮する軍事介入を受け、失敗に終わりました。

ソ連の属国のように扱われていた東欧諸国に自由が訪れるには、長い時間がかかりました。実に、**１９８９年の東欧革命まで待たなければならなかった**のです。

ソ連の圧力で社会主義になったんだ
ハンガリー

第二次世界大戦後に拡大したソ連

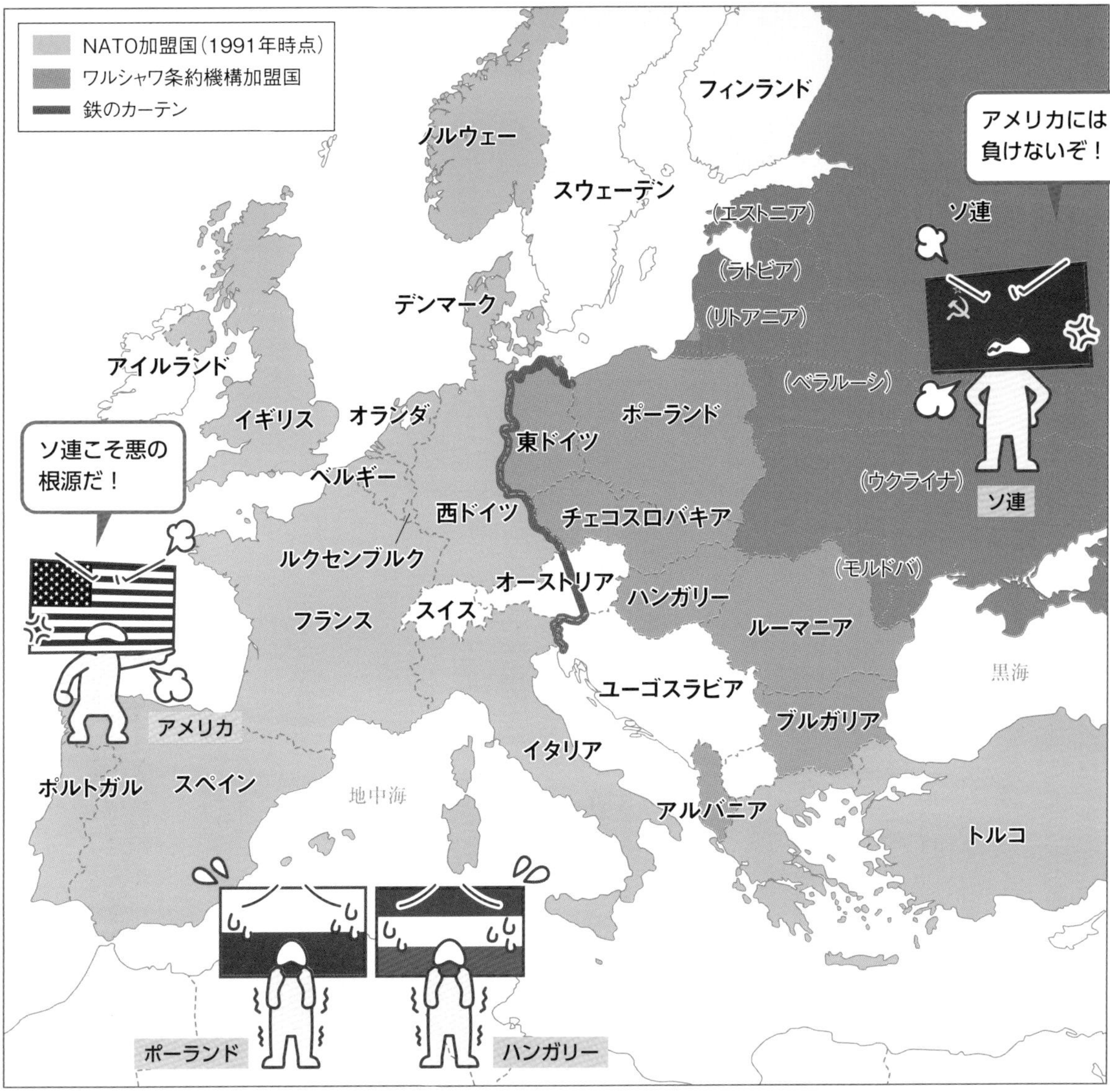

ワンポイント！

なぜベラルーシはロシアに味方するの？

ロシアの数少ない味方であるベラルーシ。同国のルカシェンコ大統領の任期は約 30 年に及び、「欧州最後の独裁者」とも呼ばれます。とはいえ、ルカシェンコは常にロシアに従順だったわけではなく、2000 年代末にはプーチン大統領との関係も険悪でした。

ベラルーシは、ロシアにとって失いたくない緩衝地帯の一つです。ルカシェンコはそれを利用して、ロシア・欧米との間の綱渡り外交をしてきたといえます。しかし、2020 年に反政権デモが起きるなど、近年は権力基盤がぐらついており、現状はロシアに頼らざるを得ない状況が続いています。

ウクライナ侵攻後も良好な関係を築くルカシェンコ（右）とプーチン。

ウクライナ侵攻の原因はEUとNATOの拡大って本当？

【キーワード】ソ連崩壊　EU　NATO

NATOの方針転換が意図せずロシアを刺激した

ロシアのウクライナ侵攻の理由として、「EUとNATOの東方拡大が原因」という説明をよく目にします。そもそも、その理解はどれだけ妥当なのでしょうか。

1980年代、ソ連ではゴルバチョフが指導者となり、ペレストロイカと呼ばれる自由化改革を進めました。東欧への統制も緩められ、1989年になると東欧の共産主義体制は次々と崩壊し、自由化が実現します。いわゆる東欧革命です。

ところが、これらの変化はソ連内部の諸民族の自治要求につながりました。ソ連の指導者はこの動きを制御できなくなり、1991年にソ連は崩壊します。ソ連の解体にともない、バルト三国やウクライナ、ベラルーシなどの独立国が誕生しました。

冷戦の終結とともに**NATOの役割も変化し、ロシアを敵視せず地域紛争や対テロ作戦にも対処する平和維持組織**になります。チェコやポーランドなど、旧共産圏の国々も受け入れるようになりました。

しかし、これらの動向はロシアを刺激することになりました。軍事的に見ると、**NATOの東方拡大はロシアが緩衝地帯を喪失することを意味します。**自国の安全に対する過剰なほどの恐怖心が、ウクライナなどに対するロシアの強硬姿勢の背景にあるようです。しかし、2014年のクリミア併合などの一連の介入により、**NATOとロシアの対立は修復不可能なまでに悪化**してしまいました。ロシアは自国の安全を守っているつもりで、自身の首を絞めていると言わざるを得ません。

一方、1993年に発足した欧州連合（EU）は、共通通貨ユーロを導入するなど、経済的な欧州統合が中心です。共通安全保障政策もありますが、アメリカ抜きなのでNATOほどの重要性はありません。21世紀に入って東方拡大が続くとはいえ、EUのロシアに対する脅威は薄く、プーチン大統領はウクライナのEU加盟申請（2022年6月）についても反対しませんでした。それでも、**EUは自由や人権といった価値観を共有**しています。ロシアと対峙するEUは、その存在意義を問われていると言っていいでしょう。

フランスの欧州議会ビルの前に立つEU加盟国の旗。

早くEUに加盟させてくれ！
ウクライナ

東方へ拡大するEUとNATO

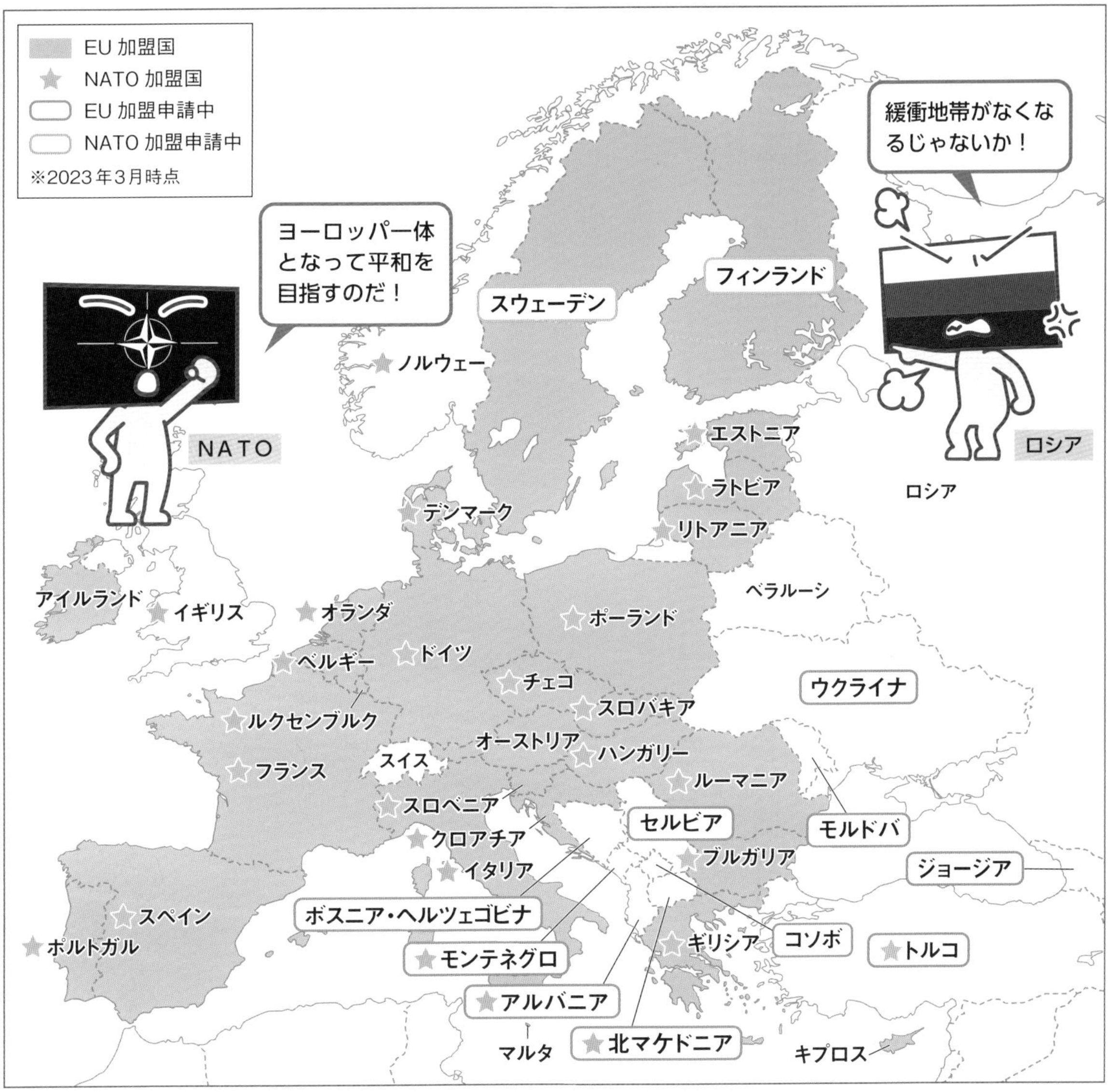
EU加盟国
NATO加盟国
EU加盟申請中
NATO加盟申請中
※2023年3月時点
ヨーロッパ一体となって平和を目指すのだ！
NATO
緩衝地帯がなくなるじゃないか！
ロシア
フィンランド
スウェーデン
ノルウェー
エストニア
ラトビア
リトアニア
ロシア
デンマーク
アイルランド
イギリス
オランダ
ベラルーシ
ポーランド
ベルギー
ドイツ
チェコ
ウクライナ
ルクセンブルク
スロバキア
オーストリア
ハンガリー
フランス
スイス
ルーマニア
スロベニア
セルビア
モルドバ
クロアチア
ブルガリア
ジョージア
イタリア
スペイン
ボスニア・ヘルツェゴビナ
ポルトガル
ギリシア
コソボ
トルコ
モンテネグロ
アルバニア
マルタ
北マケドニア
キプロス

ワンポイント！

NATO不拡大の約束はあったのか？

ウクライナに侵攻したプーチン大統領は、「90年代、NATOはロシアに対して、東方には1インチたりとも拡大しないと約束したが、口約束だったので守られなかった」と言って非難しています。プーチンはあくまでNATO（米国や西欧）を悪者にし、自国の主張を正当化しているのです。

しかし、このような約束はあったのでしょうか。冷戦終結直後のNATOは、決してロシアを敵視していませんでした。1990年代に始まる「NATO東方拡大」の考えも、旧ユーゴスラビア紛争への対処が念頭に置かれていました。「NATO不拡大をロシアに約束した」事実は、関係者の証言からは認められず、ロシアのプロパガンダであると言わざるを得ません。

ロシアも、2000年代初めには対テロ戦争の面からNATOと協調しており、04年のバルト三国などの加盟も容認しています。ロシアは、時と場合に応じて主張を使い分けているのです。

ウクライナ侵攻をめぐる地政学

なぜトルコがNATO内でキャスティングボートを握っているのか？

［キーワード］トルコ　NATO

二つの海峡をエサにしてしたたかに立ち回るトルコ

ウクライナ侵攻の当初から、**調停役として名乗りを上げたのがトルコ**でした。なぜトルコがこのような立ち回りをするのか、地政学的視点から考えましょう。

アジアとヨーロッパの境目に位置するトルコは、古くから文明の十字路となってきました。しかし、オスマン帝国時代の18～19世紀、その立地からロシアの圧迫を受けることになります。

ダーダネルス海峡とボスフォラス海峡（→P60）は、黒海と地中海を結ぶチョークポイントです。ロシアは黒海艦隊の出口として両海峡の通行権を求め、それを阻止したいオスマン帝国や英仏などの列強との対立が起きました。現在では、モントルー条約（1936年）によって**トルコが両海峡の管理権を持っています。**

冷戦期には、ソ連の地中海進出を阻止するため、西側諸国はトルコを重視しました。そのため、**トルコはイスラム教国として唯一NATOに加盟**しています。NATOの戦略はトルコ抜きだと成り立たないため、トルコはNATOに対してかなりわがままを言える立場にあります。

現在、そのトルコを指導しているのがエルドアン大統領です。強いリーダーとして

巧みな外交戦略で大国を翻弄するトルコのエルドアン大統領。

新興国トルコを成長させましたが、独裁者という批判も根強くあります。彼は自国の影響力を高めるため、**西側だけでなくロシアにも接近。ロシアとウクライナを仲介できる数少ない国**になったのです。

ウクライナ侵攻が始まると、トルコが管理する二つの海峡が注目を浴びます。**戦争勃発の直後、トルコはすべての国の軍艦の通行を認めないと発表**しました。ウクライナの穀物も、トルコが仲介したおかげで輸出できるようになりました。

ウクライナ侵攻後には、スウェーデンとフィンランドがNATO加盟を申請しました。新規加盟には既存国すべての賛成が必要ですが、トルコがこれに反対しています。トルコの少数民族であるクルド人問題をめぐる対立があるためですが、少しでも良い条件を引き出そうとするトルコの思惑がうかがえます。トルコはそのしたたかさによって、存在感を強めています。

思惑うずまくトルコと大国との関係性

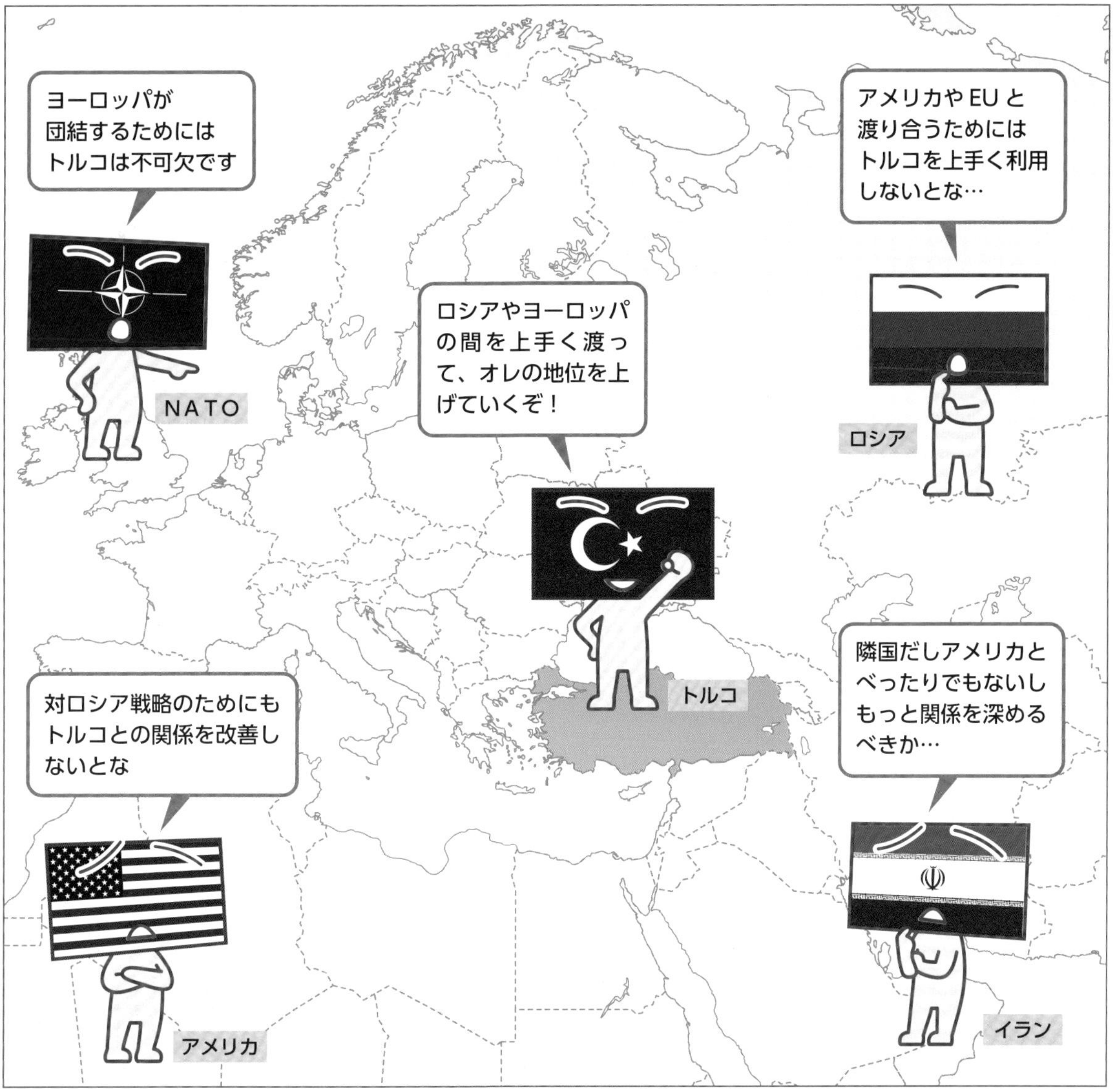

ワンポイント！

独立遠のくクルド人の悲劇

トルコやイラク、シリアなどにまたがって居住する少数民族がクルド人で、長年の独立運動が続いています。中でもクルド人の人口が最も多いトルコは、クルド人活動家を「テロリスト」と称して弾圧しており、人権問題として批判も受けています。

ＮＡＴＯ加盟を希望しているスウェーデンやフィンランドは、クルド人の亡命を受け入れているなどの理由で、トルコの反対を受けています。どうしてもＮＡＴＯ加盟を優先したい両国は、人権問題についてトルコに譲歩せざるを得ません。独立を悲願とするクルド人にとっては厳しい情勢になるでしょう。

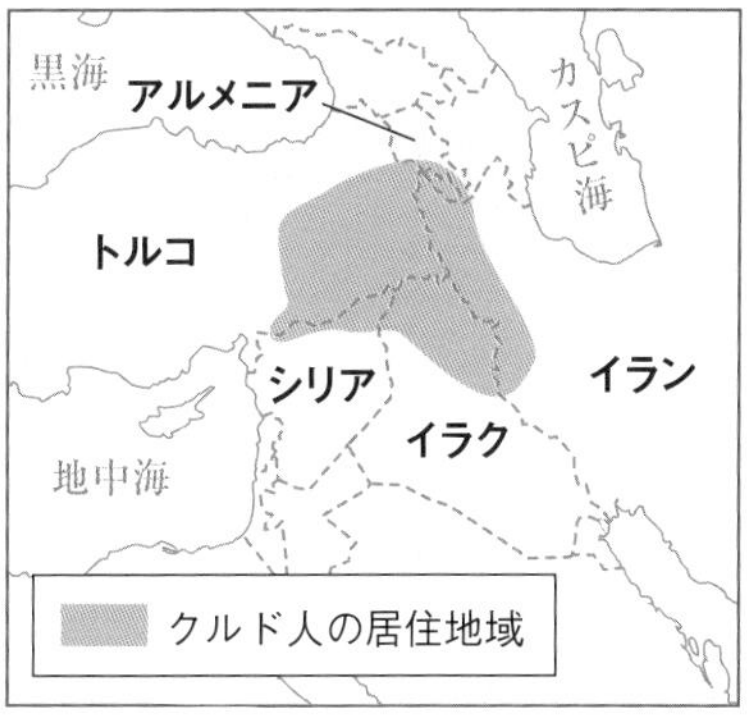

各国にまたがるクルド人の居住区。

大国の縄張り争いに翻弄される中央アジア

［キーワード］ 上海協力機構（SCO） CSTO

ロシア、中国、アメリカ――大国の勢力争いの舞台に

カザフスタンなどの中央アジア諸国は、日本人にとってはどうしてもなじみが薄い地域です。しかし、歴史上は**西洋と東洋を中継する役目**を果たしてきました。

中央アジアを通る交易ルートといえば、シルクロードがよく知られていますが、正確には三つの主要なルートがありました。カザフ草原を通る最も北の「草原の道」、乾燥地帯に点在するオアシス都市を結ぶ「オアシスの道」、そしてインド洋を経由する「海の道」です。このうち、オアシスの道が狭義のシルクロードです。

近世の中央アジアでは、ヒヴァ・ハン国、ブハラ・ハン国、コーカンド・ハン国の三つの国が栄えました。しかし、19世紀後半にロシア帝国に併合・保護国化され、その後はソ連領となります。

ソ連の崩壊により、中央アジアではウズベキスタンなどの5か国が独立。**基本的にはロシアと緊密な関係にありますが、日米など西側諸国とも良好な関係**を築いています。中央アジアの南には政情不安の続くアフガニスタンがあり、対テロ作戦の面ではアメリカとの連携が必須なのです。

近年、中央アジアで存在感を増しているのが中国です。中国は新疆ウイグル自治区の独立問題を抱えているため、中央アジアの政治的安定化には神経をとがらせてきました。**中国は、ロシア・中央アジアとの協力機関である上海協力機構（SCO）の創設を主導**し、影響力を強めました。中央アジアは、中国の進める「一帯一路《いったいいちろ》」構想（→P52）においても重要視されます。

一方、**ロシアも中央アジアを自国の勢力圏とみなし、6か国からなる集団安全保障条約機構（CSTO）を主導**するなどしています。２０２２年1月、カザフスタンで発生した反政府デモは、CSTOの軍事介入で鎮圧されました。

ところが、同年2月に始まったウクライナ侵攻でロシアが苦戦し、威信は低下しました。恩義があるはずのカザフスタンを含め、**中央アジアではロシアを離れ、欧米と協調する動き**が強まっています。現在も、中央アジアは大国の勢力争いの舞台になっているのです。

CSTOの会議に集まった各国の代表（左からアルメニア、ベラルーシ、カザフスタン、ロシア、キルギス、タジキスタン、CSTO事務局長）。

中央アジアを
オレのものにして
みせる！
ロシア

中央アジアとの結びつきを深めるロシアと中国

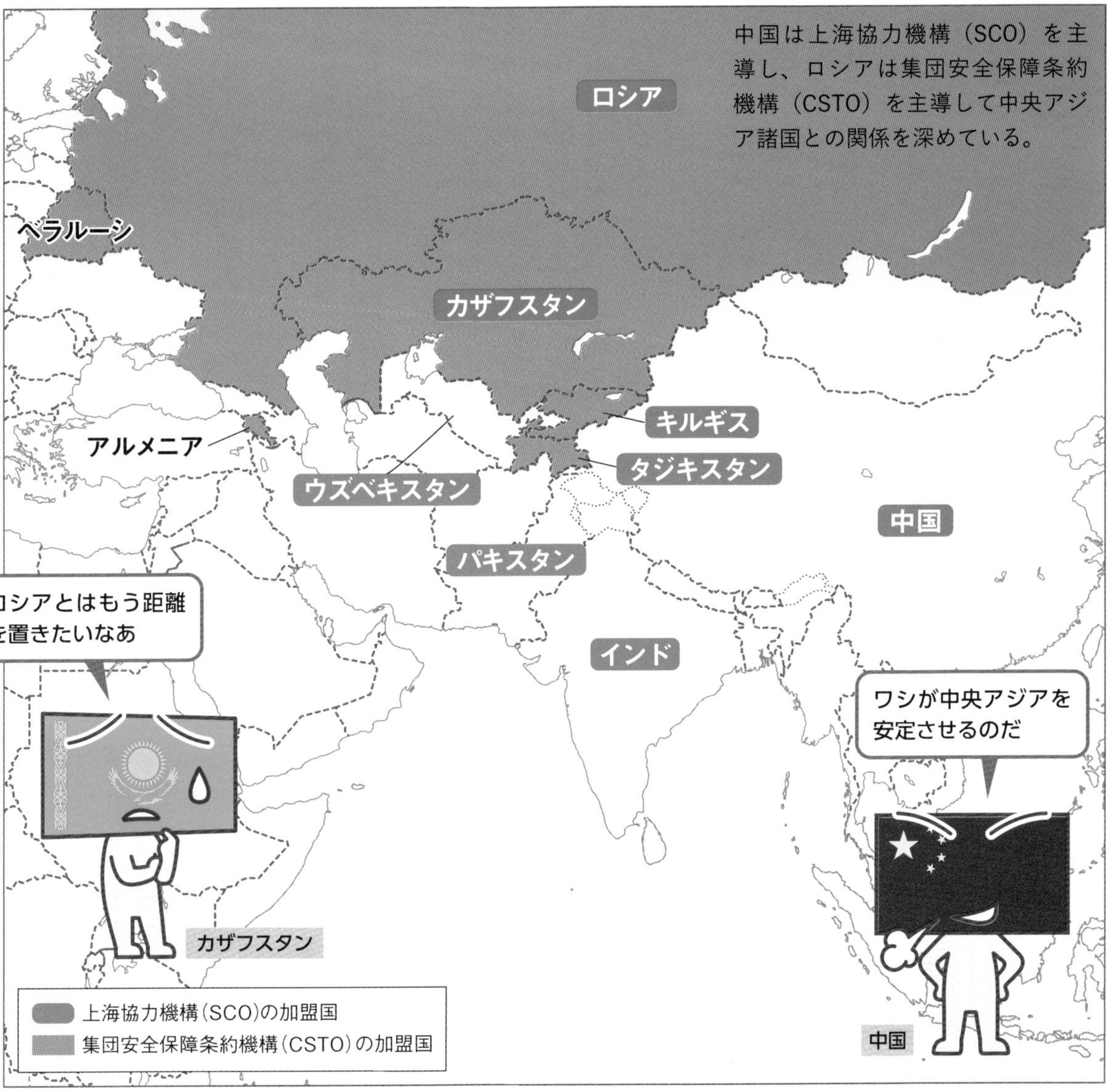
中国は上海協力機構（SCO）を主導し、ロシアは集団安全保障条約機構（CSTO）を主導して中央アジア諸国との関係を深めている。
ロシア
ベラルーシ
カザフスタン
キルギス
アルメニア
タジキスタン
ウズベキスタン
中国
パキスタン
インド
ロシアとはもう距離を置きたいなあ
ワシが中央アジアを安定させるのだ
カザフスタン
中国
上海協力機構(SCO)の加盟国
集団安全保障条約機構(CSTO)の加盟国

ワンポイント！

中央アジアに「〜スタン」が多いのはなぜ？

カザフスタンなど､中央アジアには「〜スタン」という国名が多くあります。「スタン」とは「国」や「土地」を意味するペルシア語系の接尾辞です。つまり「カザフ人の国→カザフスタン」となり、同様にウズベク人→ウズベキスタン、タジク人→タジキスタン、トルクメン人→トルクメニスタン、アフガン人→アフガニスタンというわけです。キルギスはかつてキルギスタン（キルギス人の国）と言いましたが、国名を変更しています。

こうした中央アジアに住む民族は基本的にトルコ系民族で、10 世紀ごろ浸透したイスラーム教が信仰されてきました。ただし、上に列挙したうち、タジク人とアフガン人はイラン系民族です。また、「〜スタン」を名乗る国のうち、パキスタンについては五つの民族・地域名から取った文字を繋げてできた造語で、由来が異なっています。

どうしてプーチンと習近平は仲が良いの？

［キーワード］中ロ関係　中ソ対立

対立の歴史はあるものの現在は連携して米に対抗

2022年9月、ウズベキスタンのサマルカンドで、上海協力機構（SCO）の首脳会議が開かれました。**習近平国家主席とプーチン大統領がウクライナ侵攻後初めて会談し、中ロの連携をアピール**しました。緊密さを増す中ロ関係ですが、歴史的には常に仲が良かったわけではありません。19世紀後半、南下政策を進めるロシアは、清が列強の進出によって苦境にあるのにつけこんで沿海州を奪いました。沿海州は日本海に面した地域で、不凍港をつくることができます。ロシアが築いた軍港のウラジヴォストークは、「東方を征服する」という意味です。

ソ連（ロシア）と中国はいずれも大国で、長大な国境を接していることから、潜在的には対立の火種があります。米ソの冷戦期、ソ連と中国は同じ社会主義陣営でした。しかし1950年代後半には中ソの対立が始まり、1969年には中ソ国境で武力衝突まで起きました。

ソ連と対立した中国は、社会主義国でありながらアメリカとの接近を模索。1972年にニクソン大統領の訪中を実現し、79年に国交を正常化しました。

それでも、1980年代にはソ連でペレストロイカ、中国で改革・開放路線が進められ、中ソ関係は改善。ソ連崩壊後はロシアと中国の間で国境問題の協議が行われ、2004年に完全に解決しました。

現在、**中国とロシアはアメリカという「共通の敵」を抱えているため、協力関係にあります。**プーチン・習近平ともに、自国を大国化することにこだわりを持ち、強権的な手法が目立つ点が共通します。

ウクライナ侵攻の開始後、米欧の経済制裁で苦境にあるロシアは、中国との協力を頼みの綱としています。中国も、SCOが米欧への対抗軸になることを期待し、ロシアを間接的に支援しています。

もっとも、中国はロシアに近寄り過ぎるリスクも考慮し、ロシアへの軍事支援などには慎重です。**中国の狙いは、あくまでもロシアとの協力を通じて自国の地位を高めること**にあります。中ロは互いに手を握りつつも、異なる思惑を抱いています。

協力関係を深めているロシアのプーチン大統領（左）と中国の習近平国家主席（右）。

ロシアと中国…
両方相手にするとなると厄介だな…
アメリカ

ロシアと良好な関係を築く国々とその言い分

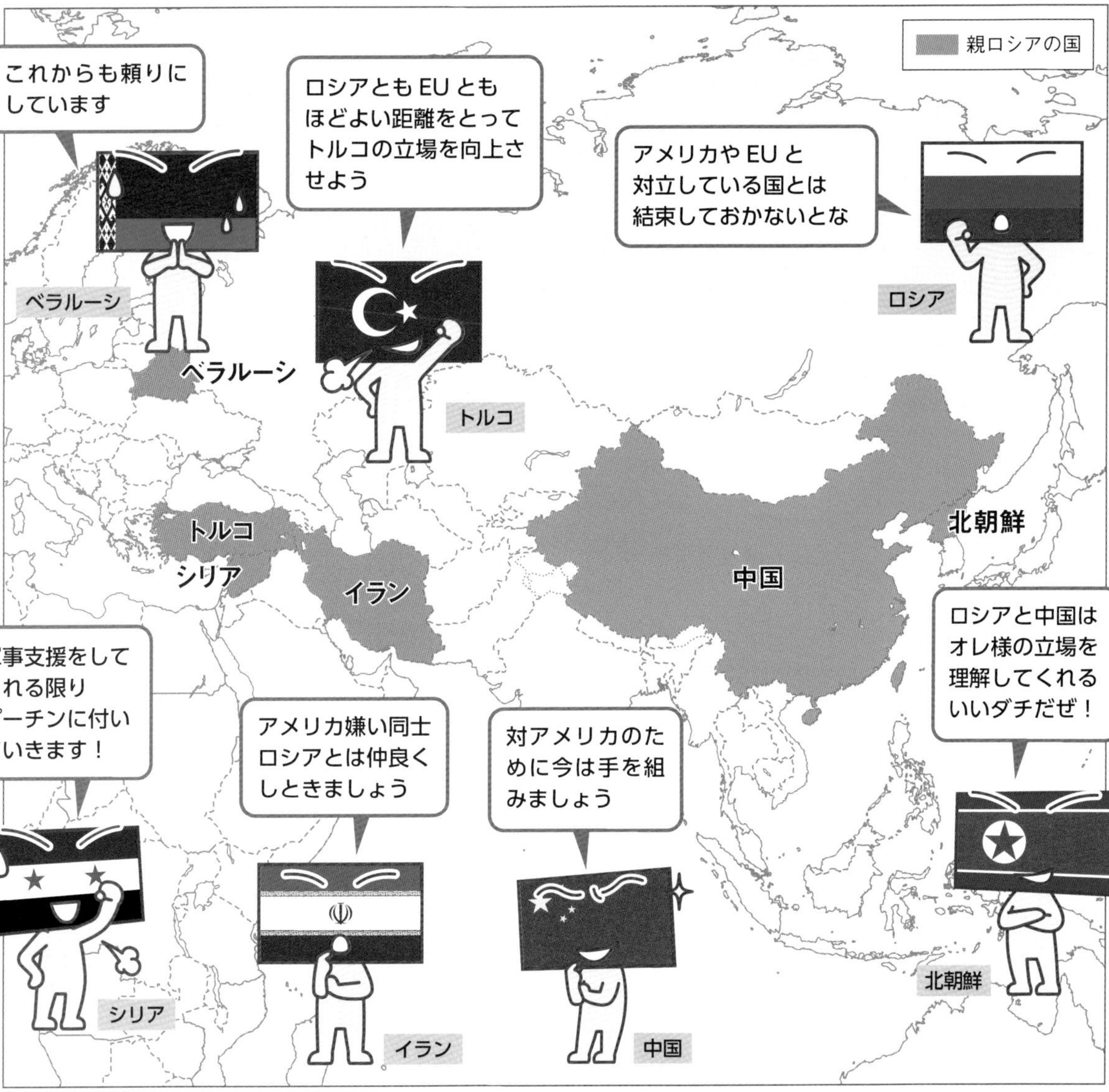

ワンポイント！

「専制主義」、「権威主義」とは何か

2021年に就任したアメリカのバイデン大統領は、緊迫化する米中関係を「民主主義（democracy）」と「専制主義（autocracy）」の対立と表現しました。前者は、日米や西欧など、自由や人権・民主主義を保障する価値観です。後者は、政治権力が一部の指導者に集中し、しばしば人権が抑圧されます（「権威主義」と表現されることもあります）。専制主義の国は、国民に政権を選ぶ権限がない中国、選挙が行われるものの公正でないロシアなどがあります。

1990年代以降、冷戦に勝利した民主主義の価値観が世界に広がっていくと思われました。しかし、民主主義の政体が途上国の貧困問題などを解決できるとは限りません。2010年に始まる中東の民主化運動「アラブの春」も挫折しました。現在はアメリカを軸とした民主主義の影響力は弱まり、中国の台頭とともに権威主義の力が相対的に高まっているのです。

インドと中国の関係はなぜ複雑になったのか？

［キーワード］シーレーン　真珠の首飾り戦略　中印国境紛争

これからも
全方位外交で
いいのだろうか…
インド

中国と国境紛争を抱えるも巧みな全方位外交を展開

日米豪印からなる戦略的枠組み「ＱＵＡＤ」に代表されるように、**日本はインドを中国に対抗する上での重要なパートナーとみなしています。**国民感情もおおむね親日的ですが、単純に「日本の味方」と割り切れないしたたかさも持っています。

2014年からインドの首相を務めるナレンドラ・モディ。ツイッターのフォロワーは8600万を超える。

地形を見ると、**中国とインドの間にはヒマラヤ山脈とチベット高原という自然の障壁があります。**そのため、近代以前は中国文化圏とインド文化圏に分かれ、衝突することはありませんでした。

事情が変わるのは第二次世界大戦後になってからです。戦後、イギリスの植民地であったインドが独立しました。中国では内戦が終結し、中華人民共和国が成立。その**中国がチベットを武力で併合したことで、中印《ちゅういん》間の緩衝《かんしょう》地帯が消失しました。**

チベットでは独立闘争が起き、１９５９年にダライ・ラマ14世がインドに亡命します。これをきっかけに中印国境紛争が始まり、１９６２年には大規模な武力衝突が起きました。２０２０年５月にも、国境での衝突で死者が出ています。

インドはパキスタンと、中国はソ連と対立を抱えていたため、「敵の敵は味方」という論理で中国とパキスタン、インドとソ連が接近します。インドとソ連（ロシア）との関係は緊密で、インドは兵器や燃料の多くをロシアから輸入しています。

21世紀に入ると、中国はインド洋のシーレーンを確保するため、スリランカやバングラデシュなどに積極的な援助を行うようになります。これが、**インドを包囲し締め上げているように見えることから「真珠の首飾り」戦略**と呼ばれました。

インドは戦後から現代まで、いずれかの陣営に肩入れしすぎない全方位外交を貫いてきました。世界最大の人口を抱える民主主義国ですが、欧米主導の国際秩序には不信感を持っています。中国とは緊張した関係ですが、経済的な依存も強まっていることがネックです。ロシアとは伝統的に良好な関係ですが、一方でモディ首相はウクライナ侵攻後のプーチンを批判しています。

米中を軸に二極化する世界では、インドの動向がカギを握りそうです。

中国の「真珠の首飾り」に対抗するインド

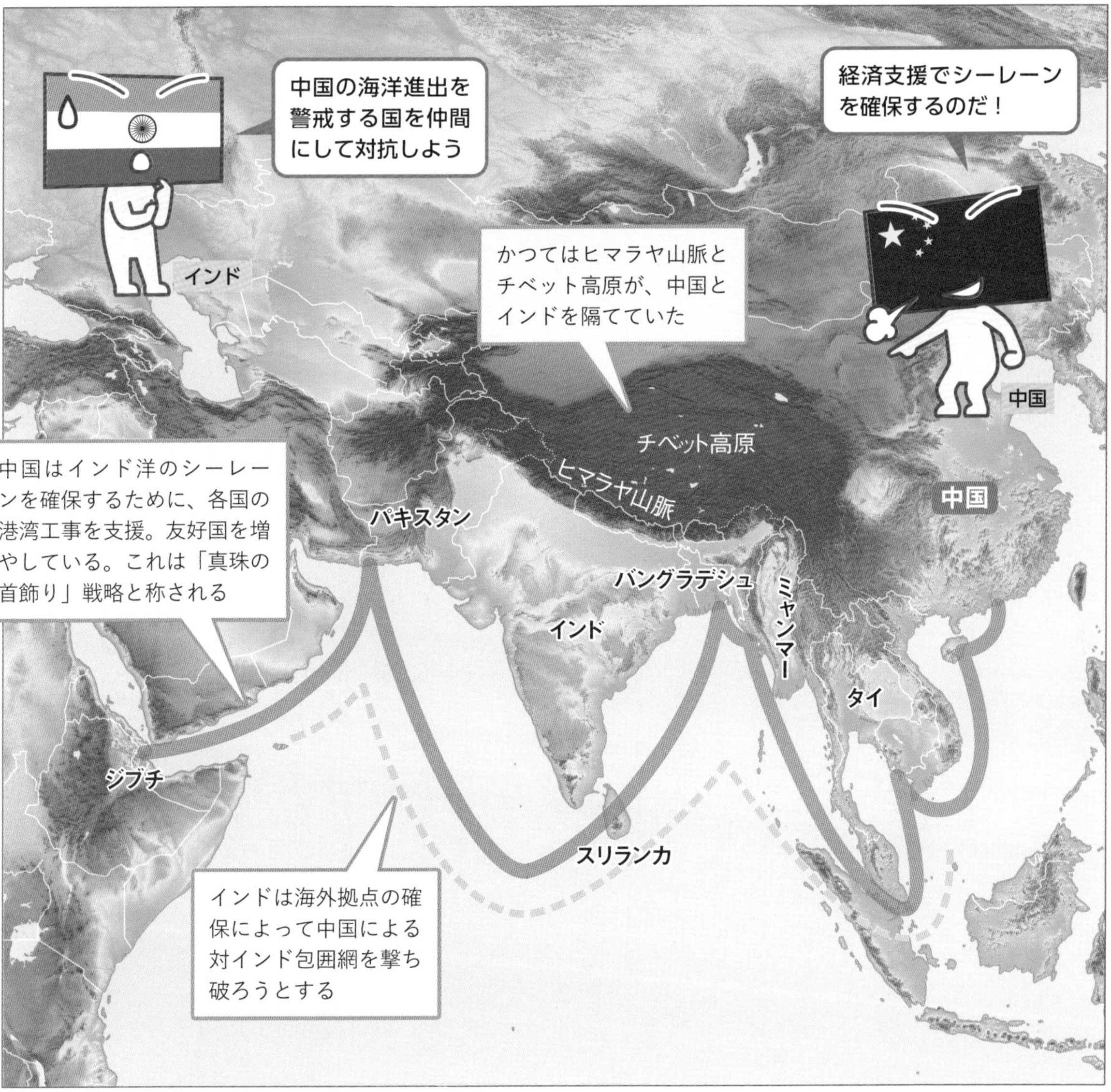

ワンポイント！

カシミール地方が紛争地帯となった理由

インド、パキスタン、中国の係争地となっているカシミール地方。高級毛織物「カシミア」の由来はこの地名に由来します。ほとんどがヒマラヤ山脈の山岳地帯ですが、インドやチベット、中央アジアをつなぐ交通の要衝でした。イギリスからの独立時、カシミール地方の藩王はヒンドゥー教徒だった一方、住民の多くがイスラーム教徒でした。このため帰属を巡る争いになり、印パが武力衝突を繰り返すことになります。また、中印国境紛争では中国が実効支配地を得ました。2019 年にはイスラーム過激派の自爆テロが起きるなど、地域の火種になり続けています。

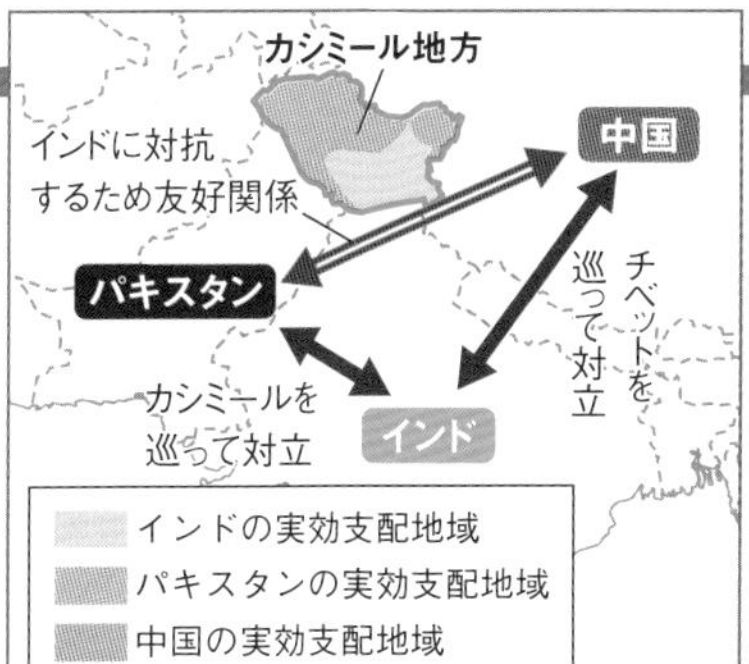

2019 年、インドはジャンム・カシミール州の自治権を撤廃。現在も反政府運動への警戒は続いている。

インドとパキスタンはなぜ別々の国になったの？

［キーワード］ イスラーム教　ヒンドゥー教　カシミール地方

イスラーム信者が世界で２番目に多い国なんだ
パキスタン

イギリスの分断統治がいまだに尾を引いている？

同じ英領インドから独立しながら、別の国となって対立を続けているインドとパキスタン。**分離の原因は宗教の違いです。**

インドでは伝統的にヒンドゥー教徒が多数を占めます。**10世紀頃、アフガニスタン方面からイスラーム勢力が北インドに侵入し、イスラーム教が浸透しました。**

イギリスの植民地となったあと、19世紀末に独立の機運が高まり、国民会議派が結成されました。ヒンドゥー教徒主導の独立運動に不安を覚えたイスラーム教徒は、全インド＝ムスリム連盟を結成して対抗します。その裏には、**被支配者が団結しないよう、宗教対立を煽って分断しようというイギリスの思惑がありました。**

そのイギリスも第二次世界大戦によって疲弊し、ついに独立を認めます。しかし宗教対立は収まらず、**インドとパキスタンは分離独立することになりました。**インド独立の指導者ガンディーは、ムスリムとの融和を説いたため、急進的ヒンドゥー教徒に暗殺されています。なお、独立時のパキスタンの領土は東西に分かれていました（東パキスタンはのちのバングラデシュ）。

独立の際、カシミール地方の帰属を巡る紛争が生じます。これにより、第一次印パ戦争（１９４７年）、第二次印パ戦争（１９６５年）が起きました。さらに、１９７１年には東パキスタンが分離を求めたことにインドが介入し、第三次印パ戦争に至ります。この結果、東パキスタンはバングラデシュとして独立しました。

１９７４年、インドは中国との対立を背景として核保有に踏み切りました。１９９８年5月には、インドとパキスタンが相次いで核実験を行います。**印パの対立は、核戦争のリスクをはらむまでに至ったのです。**

近年の南アジアでは、イスラーム過激派のテロが脅威となっています。インドは「パキスタンがテロを輸出している」と非難し、両国の緊張を強めています。

多くの火種を抱える一方で、印パはともに人口の伸びが著しく、市場としては有望です。南アジアが経済的な潜在力を発揮するには、政情の安定が不可欠なのは言うまでもありません。

ガンジス川中流域の最大の宗教都市で、ヒンドゥー教と仏教の一大聖地であるヴァラナシ。

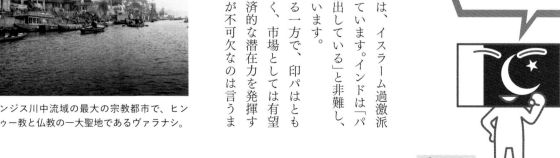

南アジアの宗教分布

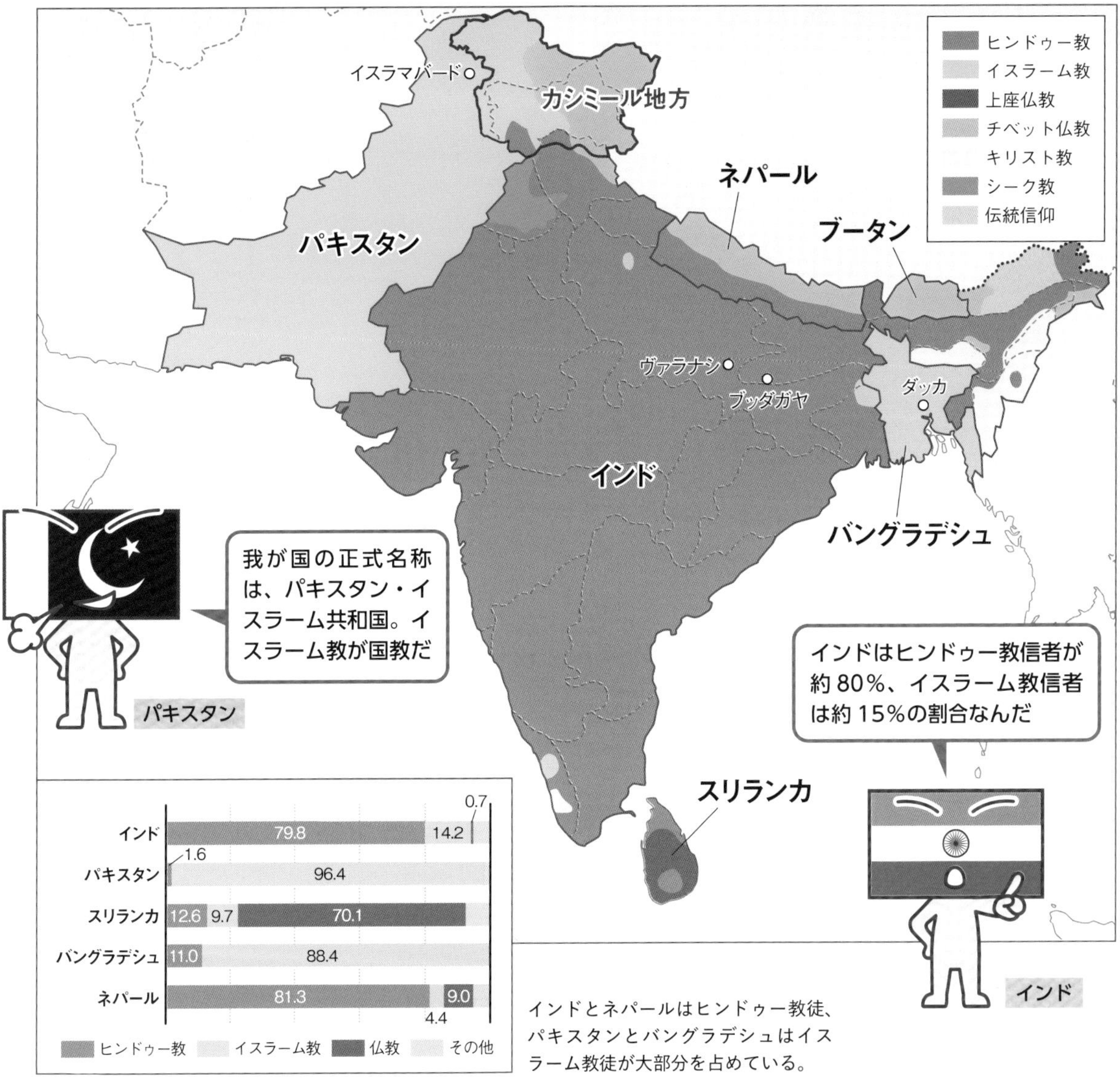
ヒンドゥー教
イスラーム教
上座仏教
チベット仏教
キリスト教
シーク教
伝統信仰
イスラマバード
カシミール地方
ネパール
ブータン
パキスタン
ヴァラナシ
ブッダガヤ
ダッカ
インド
バングラデシュ
スリランカ
我が国の正式名称は、パキスタン・イスラーム共和国。イスラーム教が国教だ
パキスタン
インドはヒンドゥー教信者が約80%、イスラーム教信者は約15%の割合なんだ
インド
インド 79.8 14.2 0.7
パキスタン 1.6 96.4
スリランカ 12.6 9.7 70.1
バングラデシュ 11.0 88.4
ネパール 81.3 4.4 9.0
ヒンドゥー教
イスラーム教
仏教
その他

インドとネパールはヒンドゥー教徒、パキスタンとバングラデシュはイスラーム教徒が大部分を占めている。

ワンポイント!

宗教の違いも「地政学リスク」なの？

最近、「地政学リスク」という言葉をよく目にするようになりました。ある特定の地域の政治的な問題が、経済に与えるリスクというくらいの意味です。例えば、「中東情勢は不安定なので、原油の供給がストップする地政学リスクがある」といった形で使われます。

地政学とは自然地理条件から国際政治を考えるものですが、「地政学リスク」という用語はそれほど地理と関係なく、地域の不安定要素という意味で使われているようです。

世界には、宗教の違いに起因する紛争が数多くあります。中国のウイグル問題やミャンマーのロヒンギャ問題は、イスラーム教の少数民族に対する人権侵害です。中東ではユダヤ教のイスラエルとイスラーム諸国の対立が深刻です。宗教は自然地理の要素ではないものの、一般的には「地政学リスク」にふくめてよさそうです。

地政学で見る世界の課題

シンガポールが発展を遂げた地政学的理由とは？

【キーワード】シーレーン　マレー半島　外国資本

海上交通の要衝として経済のハブとなった

東南アジアのシンガポールは、面積がおよそ720㎢の都市国家です。面積は東京23区よりやや大きい程度ですが、一人当たりGDPでは上位につけています。シンガポールの豊かさの源泉はどこにあるのでしょうか。

マレー半島の先端にあるシンガポールは、マラッカ海峡の東の入り口にあたります。南シナ海とインド洋をつなぐ**マラッカ海峡は、東アジアとインド・中東方面を結ぶ重要なシーレーンです**。この地域に建国されたマラッカ王国は、15世紀以降に中継貿易で繁栄しました。

海上交通の要衝であったため、大航海時代以降はヨーロッパ人の侵略を受けます。16世紀初め、マラッカ王国はポルトガル人の攻撃で滅ぼされました。19世紀になると、**シンガポールをふくむマレー半島はイギリスの植民地となりました**。

英植民地下でも、シンガポールは中継港として大きな利益を上げます。元の住人はマレー人ですが、労働力として多くの中国人やインド人が移住しました。**現在のシンガポールでは、華人（中国系移民の子孫）がじつに75％以上を占めています**。

第二次世界大戦中には日本の占領を受け、華人の虐殺事件も起きています。そして戦後になって、マレー半島の英植民地はマレーシアとして独立を果たしました。

1963年にマレーシアが成立し、シンガポールはその中の自治州となって統合を望みました。しかし、マレー人中心のマレーシアと、華人中心で経済力の強いシンガポールとの融和は困難で、国民間の感情的な対立が深刻化。1965年、やむなく**シンガポールのリー・クアンユー首相はマレーシアからの分離独立を宣言**しました。

シンガポールは人口も少なく、資源もない小国です。しかし、リー・クアンユーの強力な指導のもと、**外国資本の導入などの経済開発を進め、東南アジアで最も豊かな国へと成長を遂げました**。

輸出依存度が高く、新型コロナウイルス感染症のような世界的経済危機のあおりを受けやすい面もありますが、今後も地域の経済を主導する役割を担っていくでしょう。

マーライオンと高級リゾートホテルのマリーナベイ・サンズ。屋上のインフィニティプールは世界最大級。

東京23区と同じくらいの面積だけど、GDPはアジアで1位！
シンガポール

マレー半島の重要性

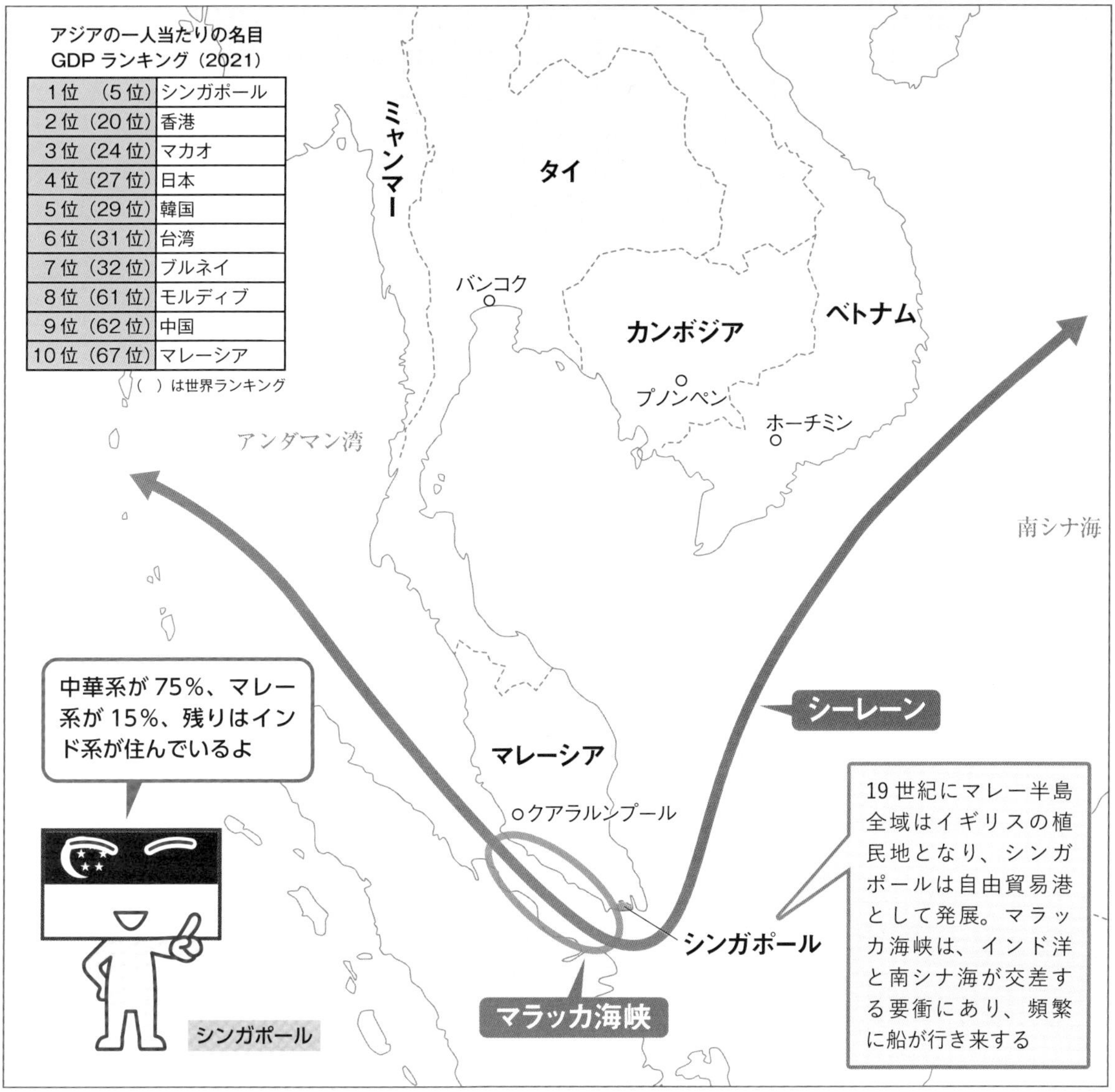

アジアの一人当たりの名目
GDP ランキング（2021）
ミャンマー
タイ
バンコク
カンボジア
ベトナム
プノンペン
ホーチミン
アンダマン湾
南シナ海
中華系が 75%、マレー系が 15%、残りはインド系が住んでいるよ
シーレーン
マレーシア
クアラルンプール
シンガポール
マラッカ海峡
19 世紀にマレー半島全域はイギリスの植民地となり、シンガポールは自由貿易港として発展。マラッカ海峡は、インド洋と南シナ海が交差する要衝にあり、頻繁に船が行き来する
シンガポール

アジアの一人当たりの名目GDP ランキング（2021）

1 位　（5 位）	シンガポール
2 位（20 位）	香港
3 位（24 位）	マカオ
4 位（27 位）	日本
5 位（29 位）	韓国
6 位（31 位）	台湾
7 位（32 位）	ブルネイ
8 位（61 位）	モルディブ
9 位（62 位）	中国
10 位（67 位）	マレーシア

（　）は世界ランキング

ワンポイント！

タイが独立を保てたのはなぜか？

19 世紀後半〜 20 世紀初頭にかけて、西洋の列強がアジアやアフリカを植民地化する帝国主義の時代となりました。東南アジアも多くが植民地化されましたが、タイは例外として独立を保ちました。タイの西はイギリス領ビルマ、東はフランス領インドシナと、いずれも 19 世紀末に植民地化されていました。しかし、この頃ヨーロッパではドイツの台頭が著しく、英仏は互いに対立することを望みませんでした。タイは英仏の勢力圏が接しないよう、緩衝地帯として保全されたのです。タイの側でも、国王ラーマ 5 世が近代化に尽力し、巧みな外交を展開して独立を維持することができました。

イギリスの植民地
ビルマ
（現・ミャンマー）
ラオス
フランスの植民地
（仏領インドシナ）
タイ
カンボジア
ベトナム

タイはイギリスとフランスの植民地の間に挟まれ、緩衝地帯となっていた。

ミャンマーの問題を中国が見て見ぬふりをする理由

【キーワード】シーレーン　クーデタ　パイプライン

アウンサンスーチーの肖像を掲げ、反軍事クーデタに抗議する人びと。３本指を掲げるのは抵抗を表すハンドサイン。

軍事政権を支援しながらインド洋への出口を確保

東南アジアのミャンマーで軍事クーデタが起きたのは２０２１年2月のことです。政権を掌握した軍は市民の抗議運動を暴力で押さえつけ、**独裁政権と民主派との間で内戦状態となっています。**

米欧はミャンマーに経済制裁を科しましたが、中国は逆にミャンマー軍事政権を支援しています。なぜ、中国はミャンマーを影響下に置きたいのでしょうか。

人口の多い経済大国である中国にとって、石油などの資源の確保は極めて重要です。**最大の供給先である中東のタンカーは、マラッカ海峡を通って中国に向かう**ことになります。このシーレーンは、中国の生命線といってもいいでしょう。

中国は南シナ海への影響力を強めていますが、海洋進出はアメリカなどとの軋轢にもつながります。一方、ミャンマー国内を通れば、マラッカ海峡を通過することなくインド洋に出ることができます。ミャンマーを確保することは、中国にとって経済上のリスク分散につながるのです。

ミャンマーがイギリスから独立したのは第二次大戦後で、１９６２年のクーデタ以後、ネ・ウィンによる軍事独裁政権が続きました。１９８８年に民主化運動が始まり、アウンサンスーチー氏が指導者となります。**軍事政権は民主派を抑圧し、制裁を加えて国際的に孤立しました。**その時も、中国はミャンマーに手を差し伸べていました。それでも、２０１１年にミャンマーは民政移管を実現。15年の選挙では、アウンサンスーチー率いる国民民主連盟（ＮＬＤ）が圧勝します。しかし、**イスラーム教の少数民族ロヒンギャに対する迫害は、ＮＬＤ政権に代わっても継続しました。**そして21年のクーデタは、ミャンマー情勢をますます混迷させることになります。

インド洋に面するミャンマーの港町チャオピューには、中国の雲南省にいたる石油やガスのパイプラインが敷設されています。昆明《こんめい》とヤンゴンを高速鉄道や高速道路で結ぶ「中国・ミャンマー経済回廊」というプロジェクトも進行中です。**ミャンマーは、中国が推し進める「一帯一路《いったいいちろ》」実現のための重要拠点**と化しています。

ミャンマー

中国の海洋進出で高まるミャンマーの重要性

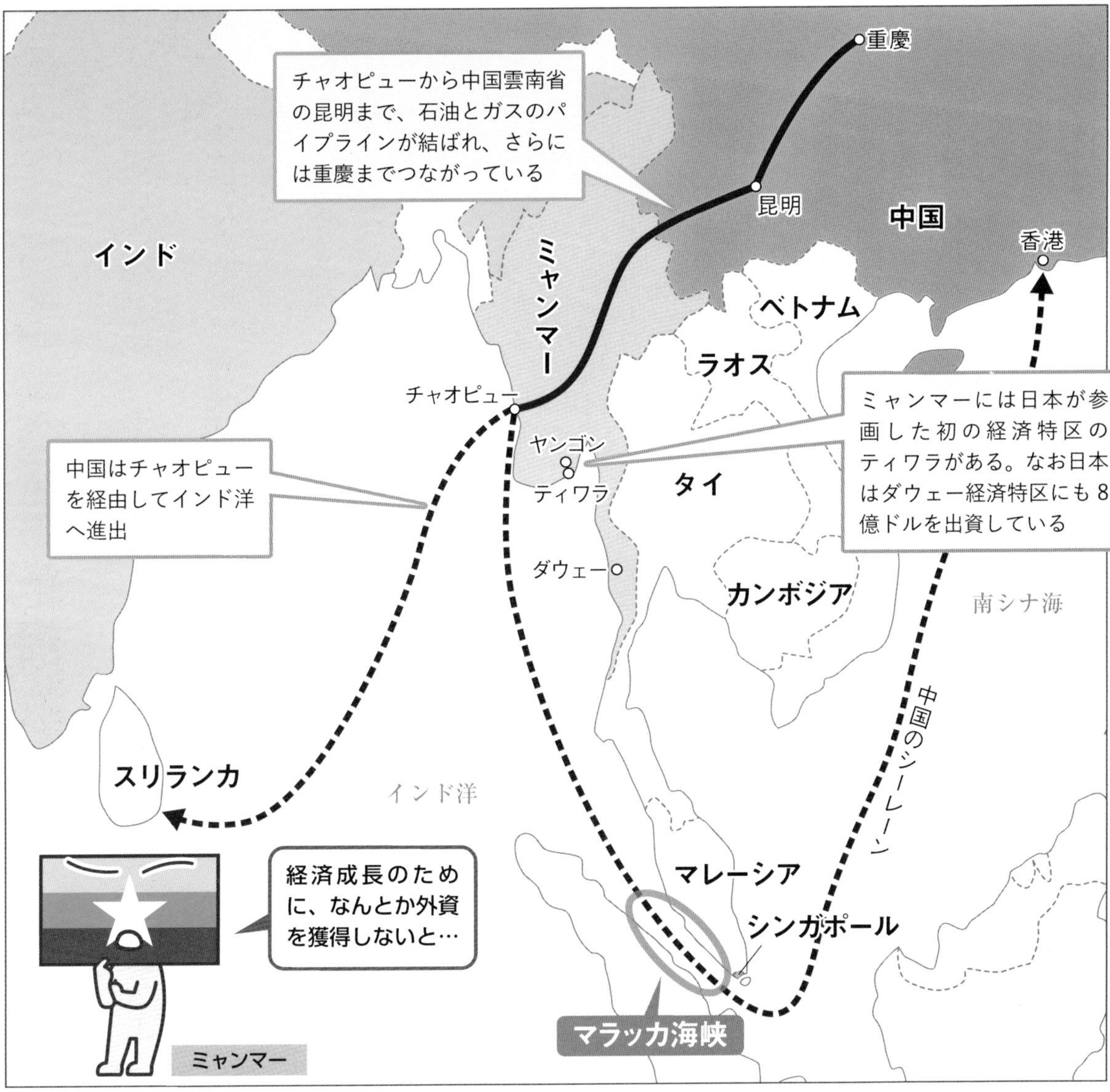

チャオピューから中国雲南省の昆明まで、石油とガスのパイプラインが結ばれ、さらには重慶までつながっている
重慶
昆明
中国
香港
インド
ミャンマー
ベトナム
ラオス
チャオピュー
ヤンゴン
ティワラ
タイ
ミャンマーには日本が参画した初の経済特区のティワラがある。なお日本はダウェー経済特区にも8億ドルを出資している
中国はチャオピューを経由してインド洋へ進出
ダウェー
カンボジア
南シナ海
中国のシーレーン
スリランカ
インド洋
経済成長のために、なんとか外資を獲得しないと…
マレーシア
シンガポール
マラッカ海峡
ミャンマー

ワンポイント!

スリランカが「破産」した理由とは？

2022 年、インド洋に浮かぶスリランカの対外債務が返済不能になり、ゴタバヤ・ラジャパクサ大統領が辞任しました。その一因として、中国の「債務の罠」を指摘する声があります。元々スリランカは汚職が深刻で、兄弟で大統領を輩出したラジャパクサ家に主要ポストが集中していました。親中派のラジャパクサ兄弟は、中国からの債務でハンバントタ港などのインフラを整備。その債務が返済できなくなり、ハンバントタ港の運営権は 2017 年に中国に譲渡されます。中国が、途上国に巨額の債務を貸し付けて権益を得る「債務の罠」の例として注目されました。

もっとも、スリランカが中国に破産させられたとはいえません。スリランカの対外債務のうち、中国からの債務は 10% ほど。中国が、親中派の政権を崩壊させるメリットもありません。スリランカは、長年にわたる権力私物化と放漫な財政によって破産したのです。

地政学で見る世界の課題

なぜアフガニスタンは大国に翻弄され続けるのか？

［キーワード］ イスラーム原理主義　ターリバーン　アルカーイダ

地形と大国の介入が安定政権の成立を阻んだ

2021年、アフガニスタンに駐留していた米軍が撤退を開始。イスラーム原理主義組織ターリバーンが、再びアフガニスタン全土を掌握しました。なぜ、アフガンの紛争は終わらないのでしょうか。

西アジアのアフガニスタンは中国・インド・中央アジアの文化圏を結ぶ交通路にあたります。一方、国土は山がちで統一権力が発達しづらく、血縁でまとまった有力部族が点在する部族社会のため、西洋で生まれた「国民国家（同じ民族が団結して国をつくる）」の考えは〝なじまない〟のです。

アフガンが大国に翻弄されるようになったのは、19世紀以降のことです。中央アジアを南下《なんか》するロシアと、それを阻止しようとしたイギリスが対立。イギリスはアフガニスタンを勢力下に入れようと3度にわたるアフガン戦争を起こしますが、思わぬ苦戦を強いられ、**1919年にアフガニスタンの独立を認めました。**

冷戦期には、中央アジアでソ連とアメリカの争いが起きました。1979年にソ連がアフガニスタンに侵攻すると、**アメリカはイスラーム組織のゲリラを支援します。しかし、ソ連が撤退するとアメリカはアフガンへの興味を失い、内戦が継続します。**

過激派組織アルカーイダのリーダーのウサマ・ビン・ラディン。米同時多発テロを指揮した。

1996年には、イスラーム原理主義を奉じるターリバーンが全土を掌握しました。皮肉にも、アメリカの支援したゲリラから、のちにアメリカ同時多発テロ事件を起こす**国際テロ組織アルカーイダが生み出されました。**2001年、テロとの戦いを理由にアメリカがアフガンに侵攻し、ターリバーン政権を崩壊させます。

アメリカや国連はアフガニスタンに民主的な政権を根付かせようとしましたが、治安は回復せず民間人や米軍の犠牲が重なりました。2020年、**トランプ政権はターリバーンと和平合意に至り、20年に及ぶアメリカ史上最長の戦争は終わりました。**

しかし、ターリバーンが政権を奪還したアフガニスタンでは、女性の教育の権利が奪われるなどの人権問題が指摘されています。アフガニスタンが国家を再建し、国際社会の一員となるまでの道のりは険しいと言わざるを得ません。

外国勢力の介入は許さない！

東西交通の要衝にあるアフガニスタン

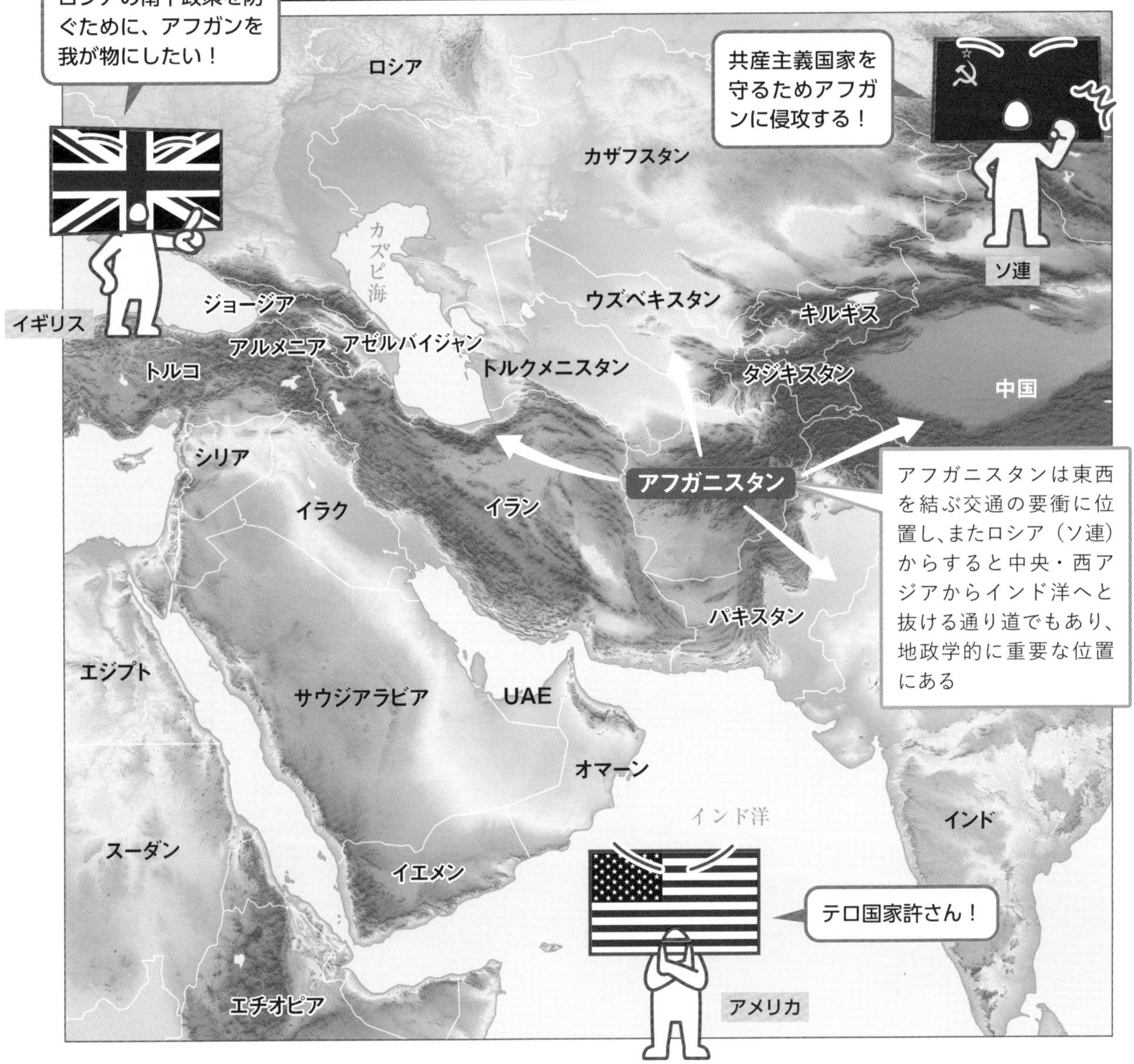

アフガニスタン戦争の歴史

第一次アフガン戦争

1838年、ロシアの南下を警戒したイギリスがアフガニスタンに侵攻。アフガニスタンが勝利。

第二次アフガン戦争

1878年にイギリスが再侵攻。英軍は大損害を受けるも、アフガニスタンの保護国化に成功する。

第三次アフガン戦争

1919年、アフガニスタンがイギリス領インドに侵攻。停戦後、独立が認められた。

アフガニスタン紛争

1979年、アフガニスタンの内紛にソ連が軍事介入。アメリカが反ソ勢力に武器供給を行う。1989年のソ連撤退後も内戦が続いたのち、ターリバーンが全土を掌握。

アフガニスタン戦争

2001年、米同時多発テロの報復としてアメリカが攻撃。アルカーイダの拠点破壊など一定の成果はあったが、20年に及ぶ戦いを経て米軍は撤退し、ターリバーン政権が復活した。

ターリバーン政権復活

70年以上も続いている「文明の衝突」の最前線

［キーワード］シオニズム運動　パレスチナ分割案

1948年5月14日、テルアビブでイスラエル建国を宣言するベン・グリオン首相。肖像はシオニズム運動を起こしたテオドール・ヘルツル。

パレスチナの奪い合いは互いに譲る気配なし

終わる兆しが見えないイスラエルとパレスチナの紛争。**ユダヤ教とイスラーム教の対立であるため「文明の衝突」とも称されます。**しかし、ユダヤ教・キリスト教・イスラーム教は本来同一の神を信仰する一神教です。**パレスチナ紛争の発端は土地の奪い合いであり、経済問題といえます。**

ユダヤ教は、２０００年以上前のパレスチナで成立しました。ユダヤ教を信仰する人々をユダヤ人といいます。ユダヤ人は長い苦難の歴史をたどり、祖国を失って世界中に離散しました。

ユダヤ人はとりわけキリスト教世界で激しい差別や迫害を受けました。19世紀末頃になると、**ユダヤ人の中で祖国パレスチナに国家を建設しようというシオニズム運動が始まります。**１９３０年代、ナチスドイツによるユダヤ人排斥もあり、パレスチナに移住するユダヤ人が激増。元々住んでいたパレスチナ人（民族はアラブ、宗教はイスラーム）との紛争になります。

解決をゆだねられた国際連合は、ユダヤ人に有利なパレスチナ分割案を決議。１９４８年、分割案をもとにイスラエルが建国を宣言すると、反発した周辺アラブ諸国の間で第一次中東戦争が勃発しました。米英の支援を受けたイスラエルはアラブ諸国を破り、当初の分割案よりも広い領域を占領。**１００万人以上のパレスチナ難民が発生しました。**

イスラエルは資源が乏しく、ティラン海峡を封鎖されると紅海に出られないなど、地政学的には脆弱な立地です。そのため、アメリカを後ろ盾に軍事大国化することで命脈を保ってきました。

１９８０年代には、**パレスチナ解放機構（ＰＬＯ）による反イスラエル闘争が激化します。**諸外国の仲介による和平への動きもありました。しかし、１９９３年のオスロ合意を実現したイスラエルのラビン首相は国内の強硬派に暗殺されます。イスラエルに歩み寄ったＰＬＯも、より過激なハマスに主導権を奪われました。和平実現の難しさを示す事例といえるでしょう。双方は今も報復の連鎖を繰り返しており、見通しは不透明なままです。

我々の土地を取り戻すのだ！
パレスチナ

イスラエルの建国とパレスチナ自治区

③パレスチナ暫定自治（1993）　②第1次中東戦争（1948〜49）　①パレスチナ分割案（1947）

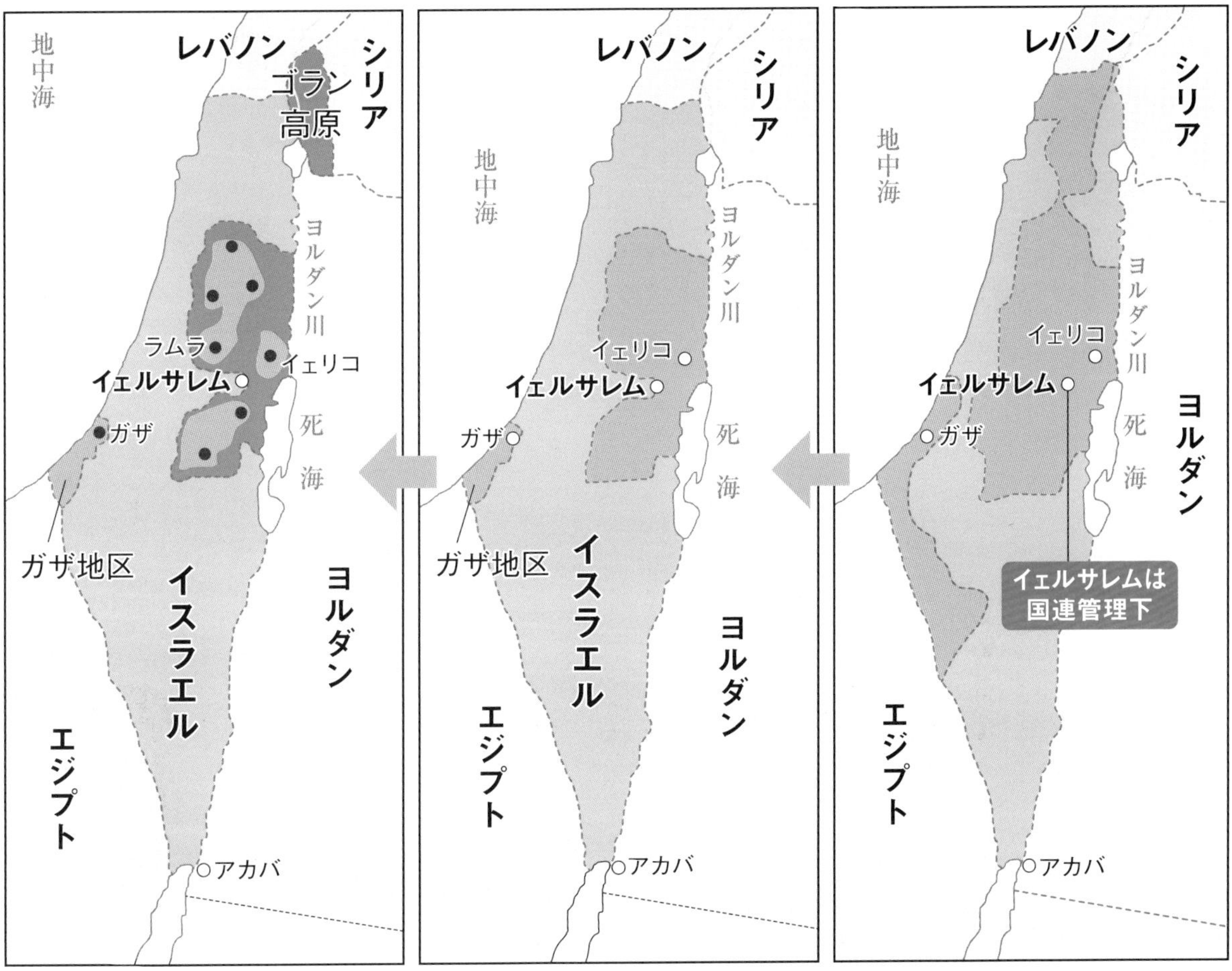

地中海
レバノン
シリア
ゴラン高原
ヨルダン川
ラムラ
イェリコ
イェルサレム
ガザ
死海
ガザ地区
イスラエル
ヨルダン
エジプト
アカバ
地中海
レバノン
シリア
ヨルダン川
イェリコ
イェルサレム
ガザ
死海
ガザ地区
イスラエル
ヨルダン
エジプト
アカバ
レバノン
シリア
地中海
ヨルダン川
イェリコ
イェルサレム
ガザ
死海
ヨルダン
イェルサレムは国連管理下
エジプト
アカバ

③ イスラエル占領地／●主なパレスチナ自治区

② イスラエル占領地／パレスチナ人居住地

① ユダヤ人居住地／パレスチナ人居住地

ワンポイント!

聖地が折り重なるイェルサレム

世界地図上のパレスチナの位置は、アジア・アフリカ・ヨーロッパの結節点です。地政学の祖マッキンダーは、「イェルサレムの丘陵こそが戦略上の拠点」と述べています。

イェルサレムが文明の十字路であることは、ここが三つの宗教の聖地になっていることと深く関わっています。ユダヤ教では、ローマ帝国時代に破壊されたイェルサレム神殿の壁「嘆きの壁」が聖地とされます。キリスト教にとっては、イェルサレムはイエスが処刑され、復活した場所。イスラーム教では、ムハンマドの天界の旅の起点とされています。

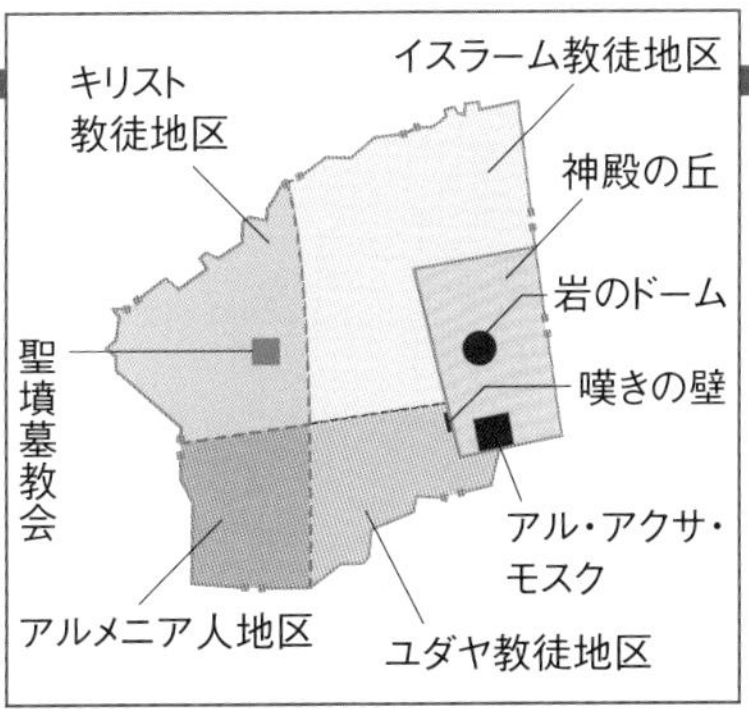

イスラーム教徒地区
キリスト教徒地区
神殿の丘
岩のドーム
聖墳墓教会
嘆きの壁
アル・アクサ・モスク
アルメニア人地区
ユダヤ教徒地区

イスラエル政府は1980年にイェルサレムを首都とすると宣言。しかし、国際社会の承認は得られていない。

なぜイランはアメリカと険悪なのか？

［キーワード］ イラン革命　スンナ派　シーア派

アメリカの対ソ政策が強烈な反米主義を生んだ

中東の大国の一つイランは、アメリカやサウジアラビアとの関係が悪いことがしばしばニュースになります。なぜ、イランはこれらの国々と仲が悪いのでしょうか。

よく誤解されていますが、**イランはアラブ民族の国ではなく、ペルシア人の国**です。古代にはアケメネス朝やササン朝のような強大な国家があり、強国としての誇りを持っています。また、同じイスラーム教でも少数派のシーア派を信仰しています。

地理的にロシアとインド洋の間にあるイラン。近代には南下を目指すロシアと、それを阻止したいイギリスが勢力を争いました。20世紀には石油も発見され、英米の資本が進出。冷戦期には、ソ連を封じ込めたいアメリカに重視されます。

１９２５年に成立したパフラヴィー朝は、アメリカの支援を背景に西洋化・近代化を進めました。しかし、国王の独裁的な手法や、イスラームの伝統を軽視したやり方に国民の不満が高まっていきます。

１９７９年のイラン革命の結果、国王は退位してホメイニを指導者とするイスラーム主義国家が成立します。親米の王政を倒したため、アメリカとの関係が険悪となります。さらに、**国外に対してもイスラーム革命を呼びかけた**ため、他のイスラーム諸国を刺激することになりました。

特に、聖地メッカを擁しイスラームの盟主を自認するサウジアラビアとの関係が悪化します。**サウジアラビアは革命前のイランと同様、親米の君主独裁であることも緊迫化の一因**です。「スンナ派とシーア派の対立」と表現されることも多いですが、実態はペルシア湾岸における主導権争いで、宗教というより政治上の対立です。

21世紀に入ると、イランに核開発疑惑が持ち上がり、経済制裁が実行されました。２０１５年には核合意が成立しますが、**2018年にトランプ政権がイラン核合意からの離脱を宣言**し、現在も先行きは不透明なままです。

厳格なイスラーム主義を貫くイランですが、２０２２年には女性のヒジャブ着用義務を巡る反政府デモが急速に拡大。強権的な弾圧が続きますが、体制を揺るがせています。

イラン革命の指導者となったホメイニ師。立法・行政・司法の三権を超える国家最高指導者として君臨した。

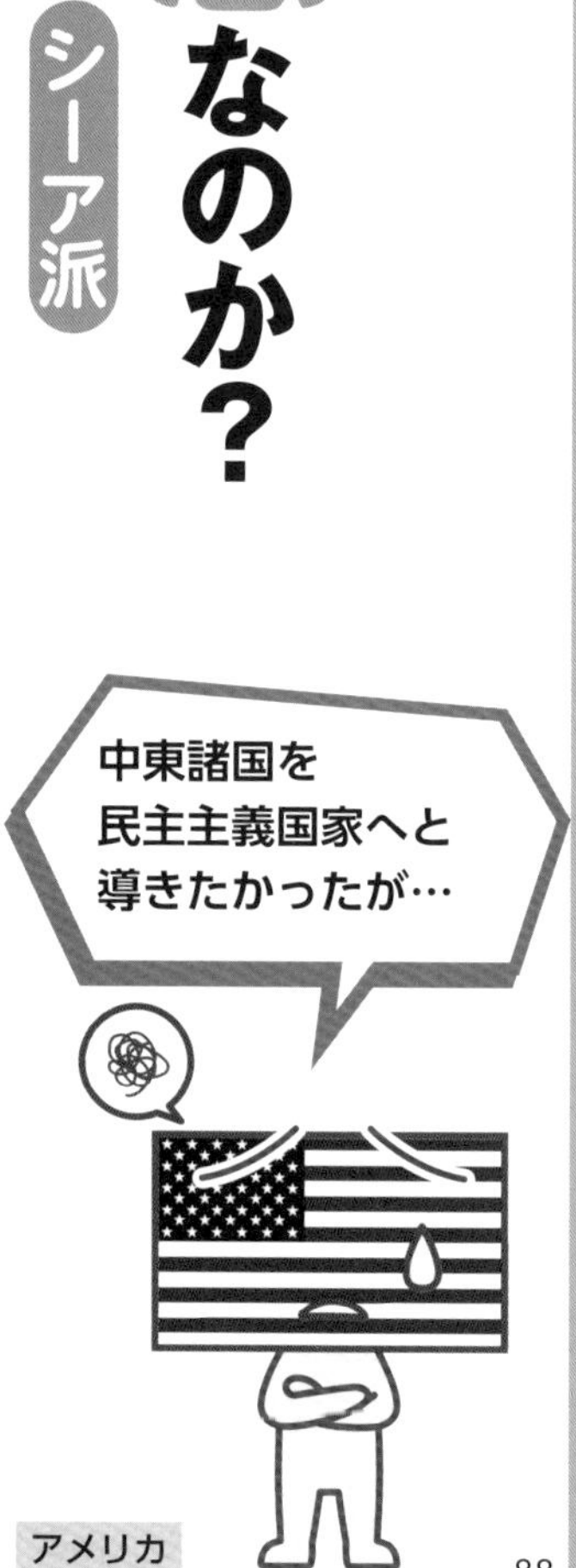
中東諸国を
民主主義国家へと
導きたかったが…
アメリカ

イランとサウジアラビアの対立と中東情勢

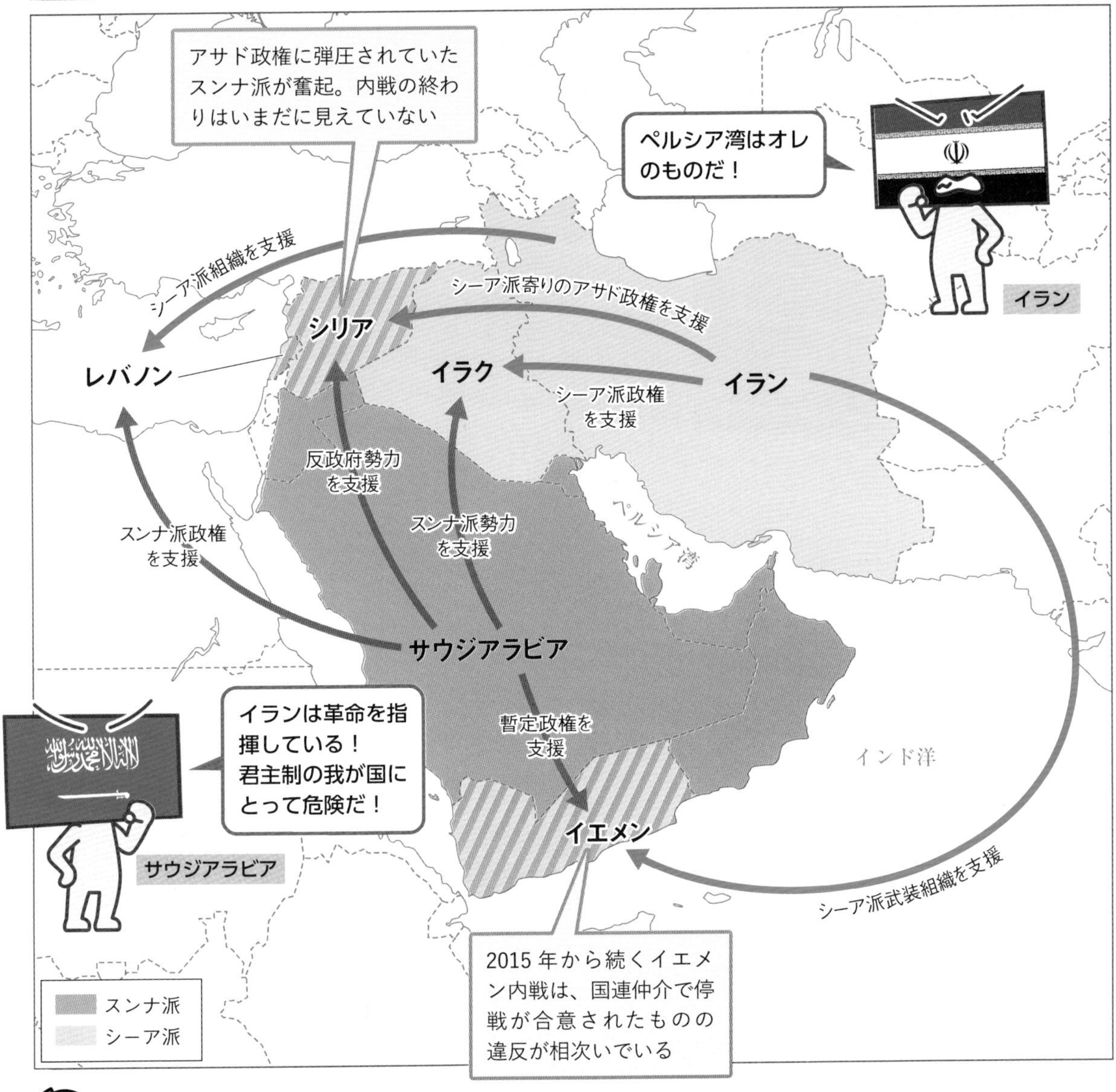

アサド政権に弾圧されていたスンナ派が奮起。内戦の終わりはいまだに見えていない
ペルシア湾はオレのものだ！
イラン
シーア派組織を支援
シーア派寄りのアサド政権を支援
シリア
レバノン
イラク
イラン
シーア派政権を支援
反政府勢力を支援
スンナ派勢力を支援
スンナ派政権を支援
ペルシア湾
サウジアラビア
イランは革命を指揮している！君主制の我が国にとって危険だ！
サウジアラビア
暫定政権を支援
インド洋
イエメン
シーア派武装組織を支援
2015年から続くイエメン内戦は、国連仲介で停戦が合意されたものの違反が相次いでいる
スンナ派
シーア派

ワンポイント！

シェールオイルが変えたアメリカの戦略

アメリカが犠牲を払いながらも中東に関与を続けてきた理由の一つが、豊富な石油資源です。しかし2010年代以降、アメリカでシェールオイルの生産が急増し、事情が変わってきています。シェールオイルとは、地下深くの頁岩（けつがん／シェール）の層から採取される原油で、近年の技術の進歩によって採掘しても採算がとれるようになりました。このことが、アメリカにとっての中東の重要性を低下させ、中東への介入を弱める「リバランス」政策につながります。

ところが、産油国のロシアや中東がシェールオイルに対抗して原油価格を下げたり、世界的に脱炭素の動きが強まったりするなどの要因で、シェール開発企業の倒産・撤退が相次ぎました。一方、2022年にウクライナ侵攻が始まると、原油価格の高騰で再びシェールに注目が集まっているように、エネルギー供給を巡る状況はいまだ流動的です。

イギリスのＥＵ離脱は過去の栄光があったから？

［キーワード］ ＥＵ離脱　光栄ある孤立

欧州から距離を置くのはイギリス本来の姿？

２０１６年、イギリスは国民投票によりＥＵ（欧州連合）離脱を決めました。その後、離脱交渉が難航することもありましたが、２０２０年末に移行期間を終え、完全にＥＵ離脱を果たします。イギリスの離脱にはどのような背景があるのでしょうか。

EU 離脱を主張したジョンソン元首相。

ヨーロッパ大陸から少し離れた島国という地理条件は、イギリスの戦略の根幹にあります。海外進出に有利なだけでなく、**海という障壁のおかげで、ヨーロッパ大陸のいざこざとは距離を置く**ことができます。そこで、19世紀のイギリスでは、どこの列強とも同盟を組まない「光栄ある孤立」という立場をとりました。

その代わり、大陸でイギリスを脅かす国が登場すると、**他の国に支援をして抑え込む「オフショア・バランシング」という戦略で覇権を維持**します。オフショアとは「沖合」という意味です。しかし20世紀になると、ランドパワー国家・ロシアの南下の前に孤立主義を放棄。同じシーパワーの日本と同盟を結び、その野望を阻止しました。ドイツもイギリスの覇権に挑戦しますが、二度にわたる世界大戦で敗れます。

二度の世界大戦はイギリスを含むヨーロッパ列強を疲弊させ、覇権がアメリカに移ることになります。戦後の欧州では、大戦の反省を踏まえて欧州統合の機運が高まりました。しかし、イギリスは独自路線を歩み、統合に消極的でした。

カナダやオーストラリアなど、イギリスの旧植民地はイギリス連邦（コモンウェルス）という緩やかな連合体をつくっています。また、イギリスはアメリカともつながりが強いため、**欧州の共通市場に参加する動機は薄かった**のです。

このため、ＥＵ加盟国でありながら共通通貨ユーロにも、国境を開放するシェンゲン協定にも未参加でした。近年では、東欧からの移民が雇用を奪っていると考える国民が増え、ＥＵ離脱に至りました。最近のイギリスは、アメリカと並んで対ロ・対中で強硬路線が目立ちます。ＴＰＰ（環太平洋パートナーシップ）協定への参加交渉を始めるなど、日本との関係も重みを増しそうです。

移民問題が深刻になったのは EU のせいです！
イギリス

EUの歩みと様々な問題

1993年　EU発足

マーストリヒト条約が発効され、EUが発足する。1999年にEU域内での共通通貨ユーロが導入される。

EUに加盟している間も統一通貨ユーロは導入しませんでした
イギリス

2004年　旧社会主義国の加盟

バルト三国や東欧諸国など旧社会主義の国が加盟する。これを警戒したロシアがEUと対立していく。

2010年　ユーロ危機

財政危機に陥ったギリシアに対しての対応策が加盟国間で分かれ、さらに経済格差も浮き彫りになる。

2015年　ヨーロッパ難民危機

シリア内戦による難民が急増し、EU諸国間で財政負担に差が大きくなり、足並みが崩れる結果となった。

やれやれ、苦労の連続ですよ
EU

2020年　イギリスのEU離脱

イギリスでは国民投票の結果、約4%という僅差ながらEU離脱が決定。EU初の離脱国となった。

2022年　ロシアのウクライナ侵攻

ロシアがウクライナへ侵攻し、難民の受け入れやロシアへの制裁を巡って加盟国間で意見が分かれる。

ワンポイント!

北アイルランドはイギリス？　EU？

かつてイギリスの過酷な統治を受け、1949年にイギリス連邦を離れたアイルランド。北アイルランドについては英国に残りましたが、宗派対立を原因とする長い紛争が続きました。

イギリスのEU離脱は、北アイルランドに新たな火種を生みました。アイルランドはEU加盟国なので、アイルランド島にある陸続きの国境に配慮して、イギリス政府は北アイルランドだけを通商上EUに残しました。ところが、このためにイギリス本土と北アイルランドの間に「EUと非EUの境界」ができ、かえって物流が混乱。不満を持った住民が暴動を起こす事態に発展しました。

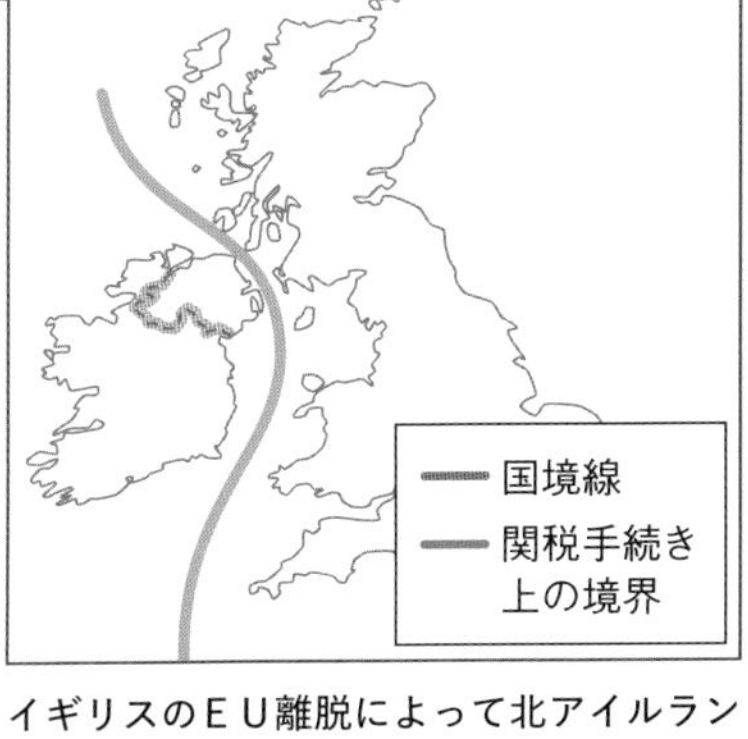
国境線
関税手続き上の境界

イギリスのEU離脱によって北アイルランドでは2つの境界線ができた。

地政学で見る世界の課題

のど元にいるキューバが邪魔でしょうがないアメリカ

【キーワード】 キューバ革命 キューバ危機

米国の裏庭だったカリブ海 キューバの恨みは深い

長年、緊張が続いてきたアメリカとキューバの関係。近年は雪解けに向かっていますが、どんな経緯があるのでしょうか。

キューバは、南北アメリカ大陸に挟まれた「地中海」のカリブ海に浮かぶ島国です。地理用語としての地中海とは、陸地に囲まれた海のことです。

バティスタによる独裁政権を倒して、キューバ革命で社会主義国家を目指したカストロ。

19世紀後半以降、カリブ海に注目したのがアメリカでした。この頃、アメリカは西部の開拓を終え、海外進出の機運が高まっていました。また、アメリカには「南北アメリカはヨーロッパ列強に干渉させないアメリカの縄張りだ」という意識もありました。さらに、**カリブ海とパナマ地峡は、アメリカ西海岸と東海岸をつなぐ有力なルート**にもなります。

1898年、アメリカはスペインとの戦争（米西戦争）に勝利し、スペイン領キューバを独立させます。アメリカは、キューバを政治的・経済的に従属させ、腐敗した親米政権を支援しました。

しかし、親米の独裁政権に対する反発が強まり、**1959年にカストロの指導でキューバ革命が起きました。**衝撃を受けたアメリカは断交を宣言し、キューバもソ連に接近して社会主義宣言を発します。

キューバの位置はアメリカのフロリダ半島からわずか150㎞ほどに過ぎず、アメリカにとってはのど元に凶器を突きつけられているようなものです。1962年のキューバ危機では、**ソ連がキューバにミサイル基地を建設しようとした**ため、米ソが核戦争の危機に直面しました。

冷戦中は西側諸国との関係が絶たれていましたが、冷戦の終結によってキューバをめぐる状況は変化します。2008年には指導者カストロが弟ラウルに地位を譲り、米・キューバ関係は改善しました。

キューバが市場経済一部導入後、2015年に**アメリカのオバマ政権は歴史的なキューバとの国交回復を果たしました。**トランプ政権はキューバへの強硬姿勢に転じますが、バイデン政権に代わってからは緩和へと戻っています。とはいえ、1903年からアメリカが租借したままのグアンタナモ基地返還問題など、両国の不安定要素はまだ残っています。

最近はアメリカとの関係も少しだけ回復してきたぞ
キューバ

キューバ危機におけるミサイルの射程範囲

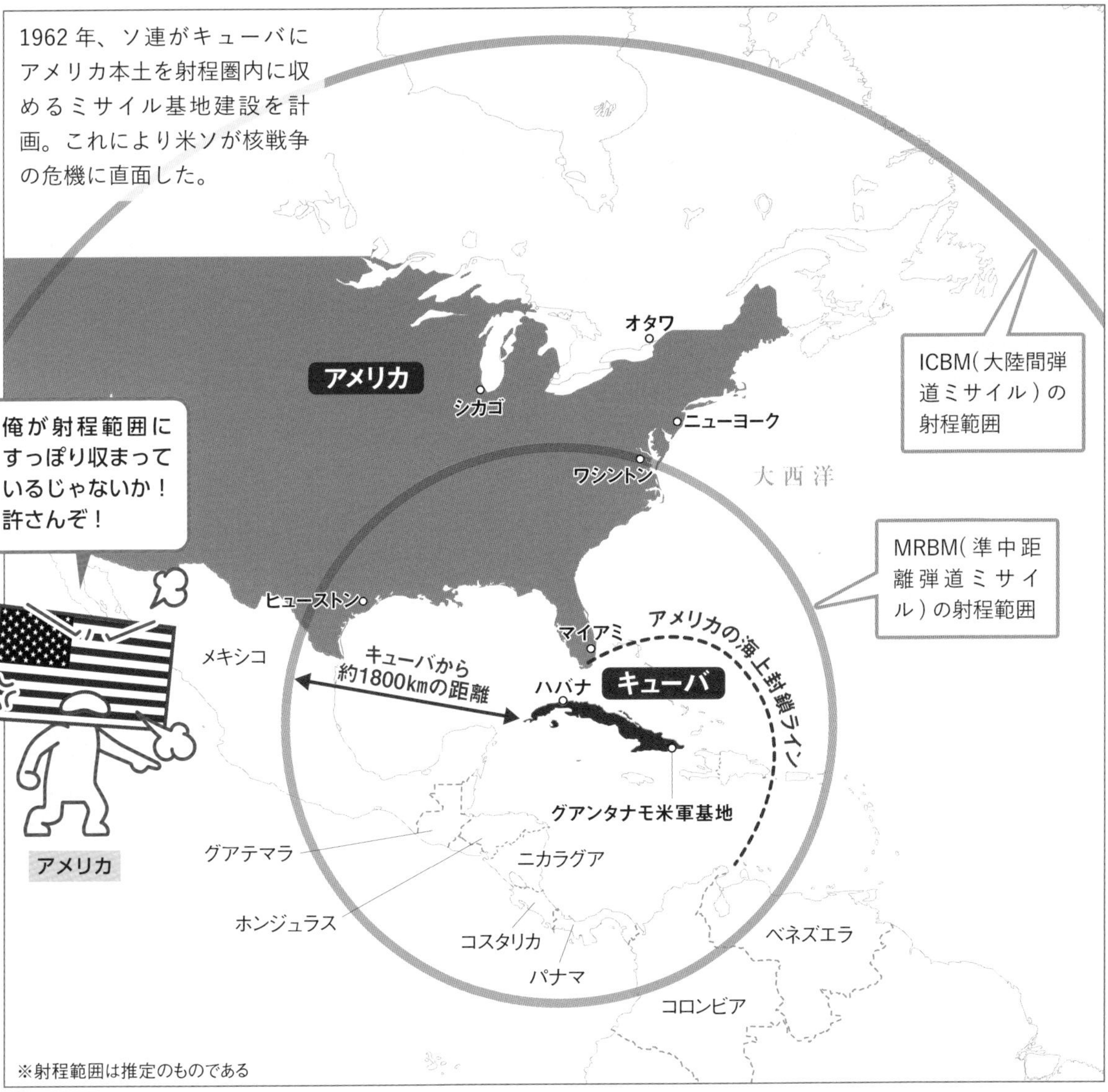

1962年、ソ連がキューバにアメリカ本土を射程圏内に収めるミサイル基地建設を計画。これにより米ソが核戦争の危機に直面した。
ICBM（大陸間弾道ミサイル）の射程範囲
MRBM（準中距離弾道ミサイル）の射程範囲
アメリカ
オタワ
シカゴ
ニューヨーク
ワシントン
大西洋
俺が射程範囲にすっぽり収まっているじゃないか！許さんぞ！
ヒューストン
マイアミ
アメリカの海上封鎖ライン
メキシコ
キューバから約1800kmの距離
ハバナ
キューバ
グアンタナモ米軍基地
アメリカ
グアテマラ
ニカラグア
ホンジュラス
コスタリカ
パナマ
ベネズエラ
コロンビア
※射程範囲は推定のものである

ワンポイント！

「閉鎖海」とは大国の庭？

マッキンダーの唱えた地政学の概念で、一つの国が支配している海域を「閉鎖海」といいます。例えば、古代のマケドニアはエーゲ海を閉鎖海としました。また、ローマ帝国はカルタゴやエジプトといった海上のライバルを下し、地中海を閉鎖海にしています。これにより、ローマは海軍力を必要としなくなりました。

19世紀末以降のカリブ海は、アメリカの閉鎖海になったといえます。パナマをコロンビアから強引に独立させてパナマ運河を建設するなど、アメリカは中米カリブ地域を裏庭のように扱います。こうした強硬な外交手法は、「棍棒外交」と呼ばれました。

CARIBBEAN SEA
DEBT COLLECTOR
THE BIG STICK IN THE CARIBBEAN SEA

「棍棒を携えて、穏やかに話せ」というセオドア・ローズヴェルトの言葉に由来した風刺画。

究極の「近道」となる北極海ルートの実現なるか？

［キーワード］ 地球温暖化　シーパワー

北極海航路の開通でロシアがシーパワーに？

これまで、ロシアの地理的特色について「北は凍った北極海なので使えない」という前提で話してきました。ところが、**近年は地球温暖化の影響で北極海の氷が解けてきた**ことで、変化が起きつつあります。

北極に生息しているホッキョクグマ。地球温暖化による海氷の減少などが原因で、現在は絶滅危惧種である。

平面の地図ではわかりにくいですが、地球儀を眺めると、日本とヨーロッパはそれほど遠くないことに気づきます。地球温暖化に加え、砕氷船が発達したため、**北極海を通るルートに注目が集まっています**。

ヨーロッパから東アジアまで船で行こうとすると、地中海からスエズ運河を通り、マラッカ海峡を経て太平洋に出ることになります。**この航路は約50日かかりますが、ロシア沿岸の北極海航路なら約35日に短縮できます**。ただし、ロシアの砕氷船の支援が必要な分コストはかかります。

また、年によっては北極海の氷があまり解けず、航路の開通に至らないこともあります。このリスクは、カナダ側に沿った北西航路についても同様です。

スエズ運河航路の場合、海賊被害が報告されているソマリア沖など、政情不安定な地域を通らなければなりません。北極海航路であればそうした心配はなく、ロシア一か国に航行許可を得るだけで済みます。

北極海航路が確立した場合、もっともメリットが大きいのはロシアです。シベリアではオビ川・エニセイ川・レナ川という三つの大河が北極海に注いでおり、船舶での内陸部へのアクセスが容易になります。シベリアに眠っている地下資源の開発が進むことが期待できます。

伝統的にロシアはランドパワーの国でしたが、**北極海航路の開拓を機にシーパワーに転換できるかもしれません**。

期待の集まる北極海航路ですが、2022年2月にウクライナ侵攻が始まり、情勢は微妙になりました。日本や欧米先進国とロシアとの関係が悪化したためです。北極海航路は事実上ロシア一国の管理下にあるため、利用する側にはデメリットが目立つようになりました。

一方、**北極海の開発に乗り気なのが中国です**。中ロの連携のもと、北極を軸に地図が大きく塗り替わるかもしれません。

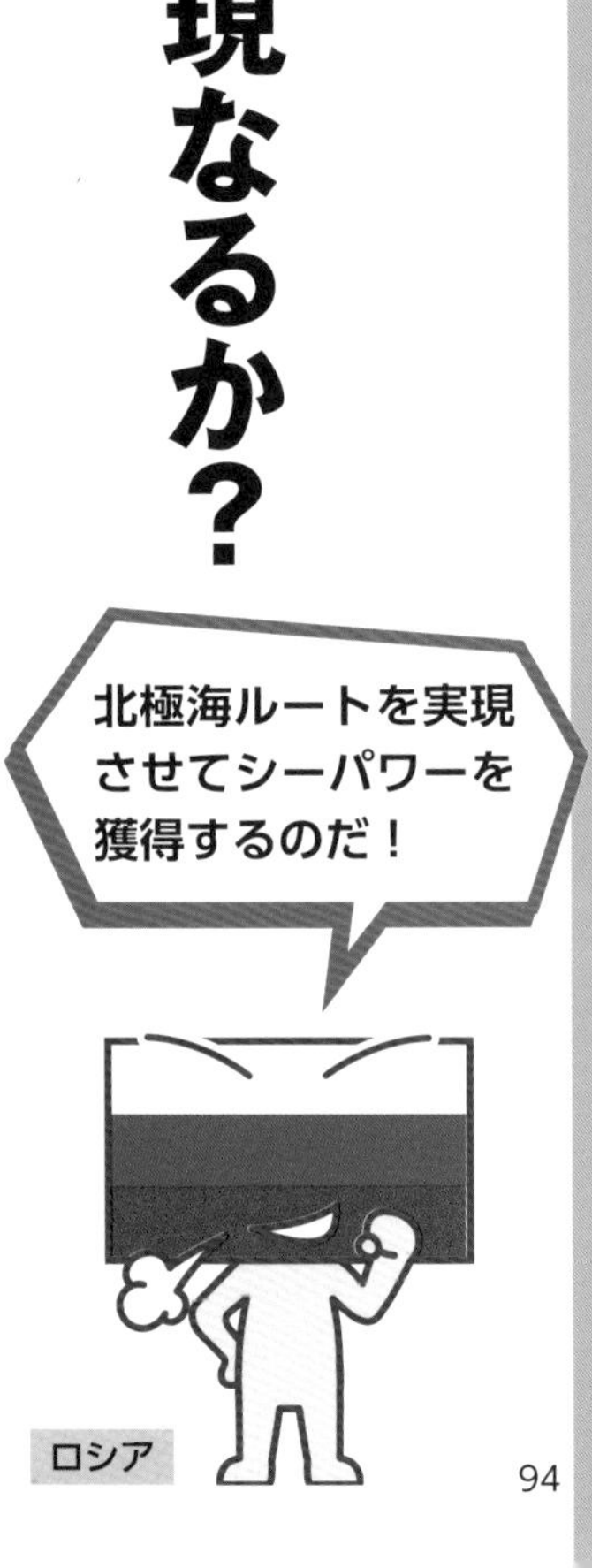
北極海ルートを実現させてシーパワーを獲得するのだ！
ロシア

従来のルートと北極海ルートの比較距離

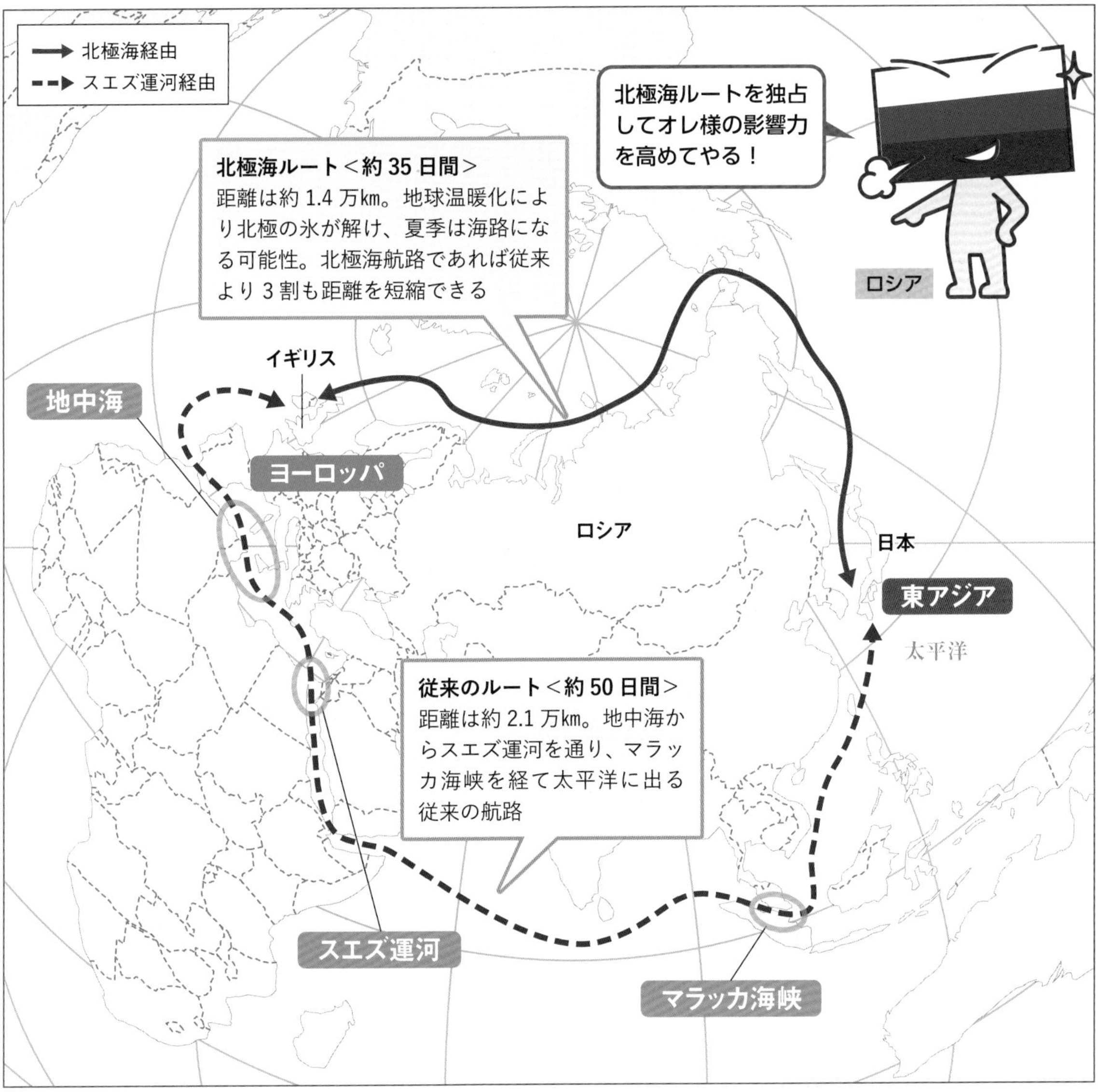

北極海経由
スエズ運河経由
北極海ルート＜約35日間＞
距離は約1.4万km。地球温暖化により北極の氷が解け、夏季は海路になる可能性。北極海航路であれば従来より3割も距離を短縮できる
北極海ルートを独占してオレ様の影響力を高めてやる！
ロシア
イギリス
地中海
ヨーロッパ
ロシア
日本
東アジア
太平洋
従来のルート＜約50日間＞
距離は約2.1万km。地中海からスエズ運河を通り、マラッカ海峡を経て太平洋に出る従来の航路
スエズ運河
マラッカ海峡

ワンポイント！

南極はどうして中立エリアなの？

南極大陸は、オーストラリア大陸の2倍に及ぶ広大な面積を持ちます。どの国の領土でもないと国際的に決められています。

南極の探検が本格化したのは19世紀末以降で、1911年にはノルウェーのアムンゼンが南極点に到達しました。日本からも、白瀬矗による探検隊が派遣されています。その後、イギリスやアルゼンチン、オーストラリアなどの国々が探検の実績などから領有権を主張するようになります。国際紛争が懸念されましたが、1959年に12か国が南極条約に調印。南極の領有権主張の凍結や軍事利用の禁止などが定められ、現在に至っています。

南極の氷山とそこに生息するアデリーペンギン。南極は各国による領有権の主張が凍結されている。

技術発展により地政学がなくなる日はくるのか?

【キーワード】エアパワー　宇宙開発　サイバー空間

新たなパワーといえど地理の縛りは抜けられない

地政学では、ランドパワーとシーパワーを対にして考えます。しかし、技術の発展は新たなパワーの概念を生み出しました。

ライト兄弟が初の有人飛行を成功させたのは1903年のこと。以後、航空機の発達は目覚ましく、第一次世界大戦でも軍事利用されました。20世紀前半、イタリアの軍人ジュリオ・ドゥーエは空軍の力であるエアパワーの概念を初めて提唱します。アメリカの地政学者スパイクマンも、エアパワーに注目していました。アメリカの戦略として、日本海や南シナ海などに空軍基地をつくるよう提言しています。

もっとも、**航空機には航続距離があり、陸上基地や航空母艦が不可欠です**。エアパワーは、ランドパワー・シーパワーを補助するものと考えるべきです。

20世紀には、**強大な破壊力を持つ核兵器と、大陸を越えて敵国を攻撃できる長距離弾道ミサイルも発明され、地理的な制約を小さくしました**。

さらに、宇宙空間を支配するスペースパワーも近年注目を集めています。戦後に本格化した宇宙開発競争は米ソが主導しており、長い間他国が入り込む余地はありませんでした。1967年に発効した宇宙条約では、宇宙はいずれの国も領有できないこと、月や天体を軍事利用してはいけないことなどが決められています。しかし、**近年は中国が宇宙開発に積極的で、軍事通信衛星の重要性も年々高まっています**。今後は宇宙が大国の勢力争いの場になっていくでしょう。

さらに、**サイバー空間も陸・海・空・宇宙に続く「第5の作戦領域」**と化しています。敵国やテロリストがネットワークを通じてシステムの破壊などを行うサイバー攻撃は、空間的制約のない攻撃といえます。地理に縛られないサイバー技術の発達は、地政学を無効にするのでしょうか。実際のところ、サイバー空間も物理的な設備がないと成り立たないため、通信施設などの物理的破壊も有効です。

技術の発達した現代でも、**地政学の役割は失われず、新たな領域を得て発展していく**と考えるべきです。

ロシア・アメリカ・日本などが協力して運用し、科学実験などを行っている国際宇宙ステーション(ISS)。ただし、ウクライナ侵攻後、ロシアは離脱の意向を示している。

「第４の作戦領域」とされる宇宙空間

宇宙空間は1967年に発効された宇宙条約によって、「いずれの国も領有権を主張できない」「大量破壊兵器を搭載した衛星を軌道に乗せたり、宇宙空間に配備したりしてはいけない」と定められている。しかし各国は、敵対国の軍事活動を把握する偵察衛星や、弾道ミサイルの発射を発見するための早期警戒衛星などを相次いで打ち上げ、宇宙空間をめぐる軍拡争いが繰り広げられている。

アメリカは2019年に宇宙軍を設立。日本も人工衛星の監視などを目的として、2020年、自衛隊に「宇宙作戦隊」が発足した。また、中国は独自の宇宙ステーション「天宮」の運用を開始している。

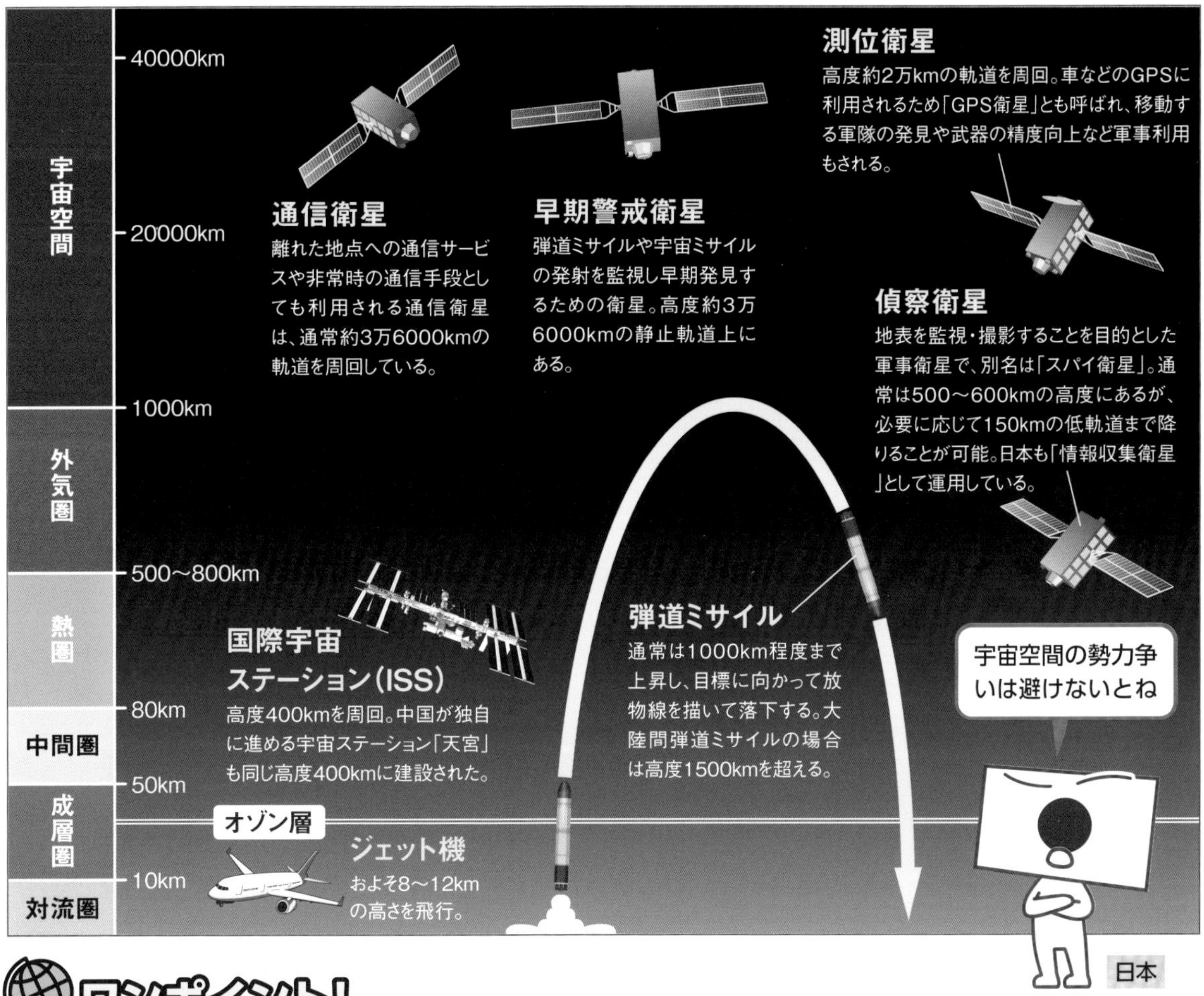

宇宙空間
外気圏
熱圏
中間圏
成層圏
対流圏
40000km
20000km
1000km
500〜800km
80km
50km
10km
通信衛星
離れた地点への通信サービスや非常時の通信手段としても利用される通信衛星は、通常約3万6000kmの軌道を周回している。
早期警戒衛星
弾道ミサイルや宇宙ミサイルの発射を監視し早期発見するための衛星。高度約3万6000kmの静止軌道上にある。
測位衛星
高度約2万kmの軌道を周回。車などのGPSに利用されるため「GPS衛星」とも呼ばれ、移動する軍隊の発見や武器の精度向上など軍事利用もされる。
偵察衛星
地表を監視・撮影することを目的とした軍事衛星で、別名は「スパイ衛星」。通常は500〜600kmの高度にあるが、必要に応じて150kmの低軌道まで降りることが可能。日本も「情報収集衛星」として運用している。
国際宇宙ステーション（ISS）
高度400kmを周回。中国が独自に進める宇宙ステーション「天宮」も同じ高度400kmに建設された。
弾道ミサイル
通常は1000km程度まで上昇し、目標に向かって放物線を描いて落下する。大陸間弾道ミサイルの場合は高度1500kmを超える。
オゾン層
ジェット機
およそ8〜12kmの高さを飛行。
宇宙空間の勢力争いは避けないとね
日本

ワンポイント！

今後の戦争はドローンが主流になる？

近年では、無線で操作する無人航空機「ドローン」が兵器としても活用されています。エネルギー源がある限り長時間にわたって滞空でき、撃ち落されても味方の人的被害がないというメリットがあります。なお、「ドローン」というと複数の回転翼を持つ「マルチコプター」を連想しやすいですが、ドローンは無人航空機全般を指し、形状は様々です。

2020年１月には、イランの軍人であるソレイマニ司令官がアメリカの無人機攻撃で暗殺されています。2022年に始まったウクライナ侵攻は、双方がドローン攻撃を行う前提で激突した初めての戦争となりました。ロシアは、関係の深いイランから輸入されたドローンを利用し、首都キーウなどを攻撃しているとみられています。ウクライナも、アメリカから提供された自爆型のドローンを使用するなど、無人機は戦術のあり方を変えてきています。

地政学で見る世界の課題

世界の戦争や紛争を前に国際社会は何ができるのか？

【キーワード】国際連合　常任理事国　拒否権

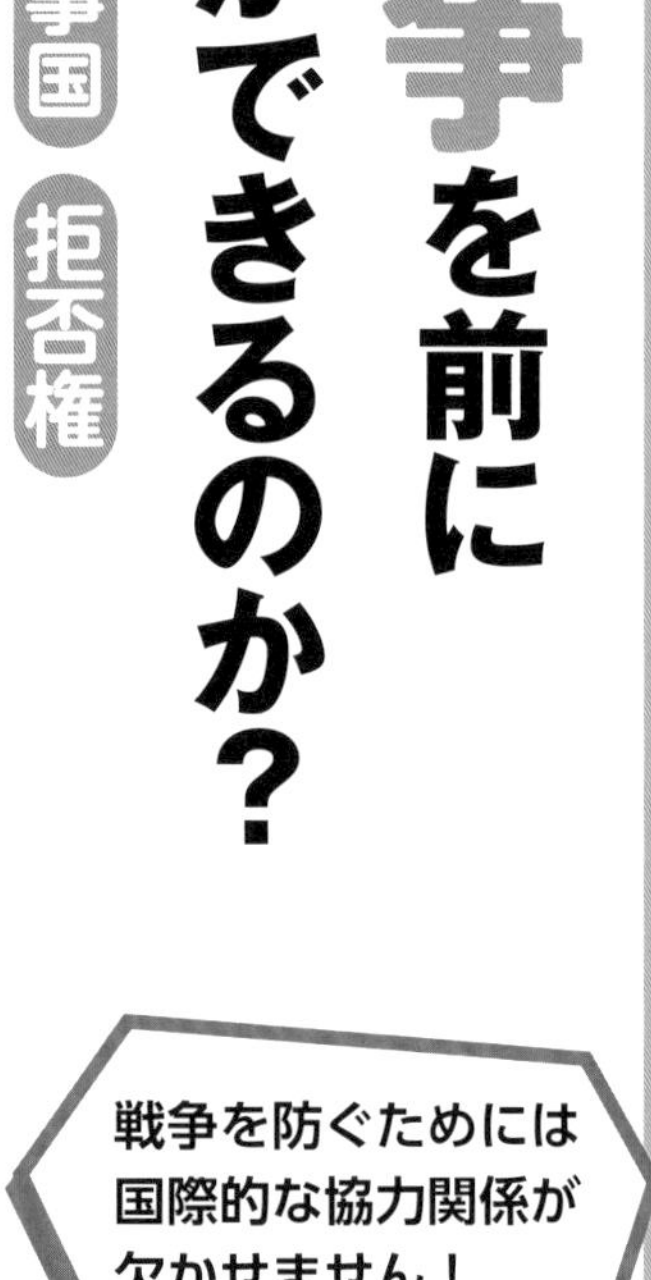
戦争を防ぐためには
国際的な協力関係が
欠かせません！
日本

国際連合の力にはなぜ限界があるのか

ロシアによるウクライナ侵攻は、**国連常任理事国による明白な国連憲章違反であるという意味で、国際的な非難**を浴びました。平和の構築のために費やされてきた努力は無駄だったのでしょうか。

ニューヨークの国連本部ビル内にある安全保障理事会会議場。

第一次世界大戦後、アメリカ大統領ウィルソンの提唱により、国際連盟が設立されました。世界の平和を維持するための、初めての国際機構です。侵略行為など、平和を乱した国が現れた時、共同で対処する「集団安全保障」のための組織です。

しかし、提唱国であったアメリカは議会の反対により不参加となりました。他にも、総会は全会一致を原則としたため迅速な決議が難しく、経済制裁のみで武力制裁がないといった問題点がありました。**紛争解決能力は限定的で、第二次世界大戦前に日本やドイツなどが脱退**。再びの大戦の惨禍を防ぐことはできませんでした。

第二次大戦中の連合国の構想に基づき、1945年に国際連合が設立されます。集団安全保障のために武力を行使でき、米ソという大国が加盟していた点でも、国際連盟より実効性は高いといえます。

平和維持を目的とする**安全保障理事会の常任理事国（米中露英仏）は拒否権を持ち、これを行使すると議決ができません**。そのため、常任理事国自身や、アメリカを後ろ盾にするイスラエルのような国を制裁する手段は事実上ありません。このため、国連の紛争抑止力には限界があるという声は根強いです。

では、国際連合は全く無力で、協力する価値はないのでしょうか。実際のところ、紛争地への人道支援や環境問題で一定の成果を挙げているのも事実です。国連の力には限りがありますが、もし国連がなければ世界はもっと混迷しているでしょうし、代わりになる機関もありません。

日本人は、**自由や人権、民主主義や法の支配といった価値観を重んじる陣営の一員として、混迷を深める世界に向き合っていかなければなりません**。私たちに必要なのは、現実を直視しながらも、希望を失わずに国連の力を高めていく努力を続けることではないでしょうか。

道のり険しい安保理改革

国連の安全保障理事会（以下、安保理）は、米中露英仏の常任理事国５か国と、２年任期で選出される非常任理事国10か国で構成される。安保理は評決により経済制裁や外交関係の断絶、多国籍軍の承認などを行う権限を持つが、常任理事国は拒否権を持ち、その採択を否決することができる。

その問題が露呈したのが、2022年２月に勃発したロシアのウクライナ侵攻であった。侵攻に対する非難決議に対して常任理事国のロシアが拒否し、中国も棄権したため決議は否決され、国連として法的拘束力を持つ制裁ができなくなってしまった。

こうした安保理の機能不全に対していくつかの改革案も提出されているが、拒否権を持つ五大国は及び腰であり、改革の道のりは遠い。

ロシアのウクライナ侵攻をめぐる安保理決議

ロシアの侵略行為は断固許さん！
ここはロシアに恩を売っておきましょう
アメリカ
イギリス
フランス
ロシア
中国
インド
アラブ首長国連邦
ほか非常任理事国８か国
賛成
反対
棄権

さまざまな改革案

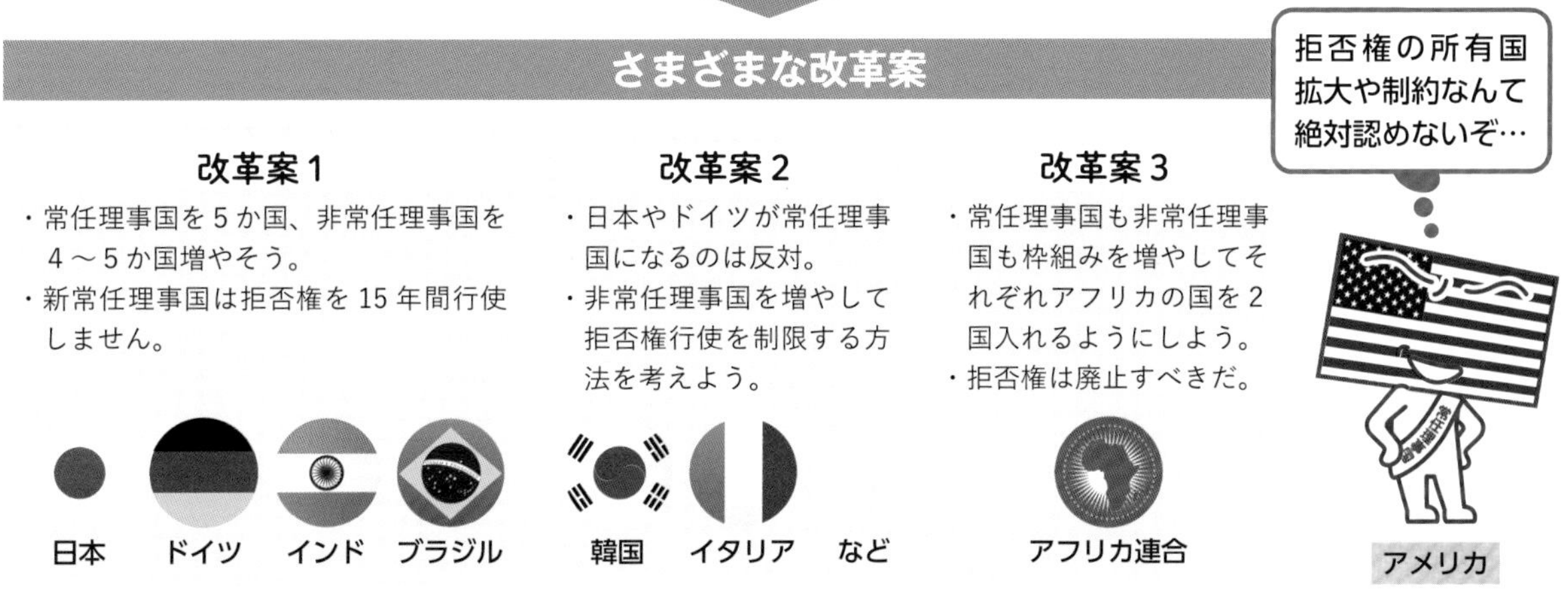

拒否権の所有国拡大や制約なんて絶対認めないぞ…
改革案１
・常任理事国を５か国、非常任理事国を４～５か国増やそう。
・新常任理事国は拒否権を15年間行使しません。
改革案２
・日本やドイツが常任理事国になるのは反対。
・非常任理事国を増やして拒否権行使を制限する方法を考えよう。
改革案３
・常任理事国も非常任理事国も枠組みを増やしてそれぞれアフリカの国を２国入れるようにしよう。
・拒否権は廃止すべきだ。
日本
ドイツ
インド
ブラジル
韓国
イタリア
など
アフリカ連合
アメリカ

ワンポイント！

国連の役割は失われてしまったのか？

ウクライナ侵攻に対して協調がとれないことから国連の機能不全が指摘されていますが、一方で世界の平和と安全を維持するためには国連の存在は欠かせません。国連が果たしている重要な活動の一つが、難民支援です。ウクライナ侵攻でも周辺国にスタッフを派遣し、難民の保護や食糧・物資の支援が大規模に行われています。また、国連平和維持活動（PKO）も世界に欠かせない活動です。近年ではコソボやキプロス、ソマリア、南スーダンなどの紛争地帯に派遣され、紛争の拡大防止や停戦合意に向けた活動がされています。世界から紛争や問題がなくならない限り、国連の役割がなくなることはありません。

【監修】
伊藤賀一

【企画・編集】
かみゆ歴史編集部（滝沢弘康・丹羽篤志・荒木理沙）

【執筆】
長谷川敦（P6 ～ 57）、三城俊一（P58 ～ 99）

【装丁・デザイン・図版】
株式会社ウエイド（山岸全・菅野祥恵・山中里佳）

【写真協力】
ユニフォト／共同通信社／ PIXTA ／ shutterstock ／首相官邸 HP ／横須賀市

【主要参考文献】

アルフレッド・T・マハン著、北村謙一訳『マハン海上権力史論』（原書房）／H・J・マッキンダー著、曽村保信訳『マッキンダーの地政学』（原書房）／ニコラス・J・スパイクマン著、奥山真司訳『平和の地政学』（芙蓉書房出版）／曽村保信著『地政学入門』（中公新書）／庄司潤一郎・石津朋之編著『地政学原論』（日本経済新聞出版）／沢辺有司著『地政学から見る日本の領土』（彩図社）／佐藤優著『現代の地政学』（晶文社）／佐藤優監修『佐藤優の地政学入門』（学研プラス）／奥山真司監修『サクッとわかるビジネス教養 地政学』（新星出版社）／祝田秀全監修、長谷川敦著『世界史と時事ニュースが同時にわかる 新 地政学』（朝日新聞出版）／祝田秀全監修『地政学×歴史で理由がわかる ロシア史』（朝日新聞出版）／『ニューズウィーク』（CCC メディアハウス）／朝日新聞／日本経済新聞

オールカラー 図解 いまがわかる地政学

2023 年 4 月 18 日　第 1 刷発行

監 修 者　伊藤賀一
編 著 者　かみゆ歴史編集部
発 行 人　松井 謙介
編 集 人　長崎 有
企画編集　早川 聡子
発 行 所　株式会社　ワン・パブリッシング
〒110−0005　東京都台東区上野 3-24-6
印 刷 所　大日本印刷株式会社
製 本 所　若林製本株式会社

●この本に関する各種お問い合わせ先
本の内容については、下記サイトのお問い合わせフォームよりお願いします。
https://one-publishing.co.jp/contact/
不良品（落丁、乱丁）については　Tel 0570-092555
業務センター　〒 354-0045 埼玉県入間郡三芳町上富 279-1
在庫・注文については書店専用受注センター　Tel0570-000346